智库 中社
国家智库报告 2018（27）
National Think Tank
新时代中非友好合作

中资企业非洲履行社会责任报告

李新烽　练铭祥　钟宏武　孟瑾　著

SOCIAL RESPONSIBILITY REPORT OF CHINESE ENTERPRISES
IN AFRICA

中国社会科学出版社

图书在版编目（CIP）数据

中资企业非洲履行社会责任报告／李新烽等著．—北京：中国社会
科学出版社，2018.8
（国家智库报告）
ISBN 978 - 7 - 5203 - 2996 - 5

Ⅰ.①中… Ⅱ.①李… Ⅲ.①中资企业—企业责任—社会责任—
研究报告—非洲 Ⅳ.①F279.2

中国版本图书馆 CIP 数据核字（2018）第 186172 号

出 版 人 赵剑英
项目统筹 王 茵
责任编辑 喻 苗
特约编辑 王莎莎
责任校对 王 龙
责任印制 李寡寡

出 版 中国社会科学出版社
社 址 北京鼓楼西大街甲 158 号
邮 编 100720
网 址 http://www.csspw.cn
发 行 部 010 - 84083685
门 市 部 010 - 84029450
经 销 新华书店及其他书店

印刷装订 北京君升印刷有限公司
版 次 2018 年 8 月第 1 版
印 次 2018 年 8 月第 1 次印刷

开 本 787 × 1092 1/16
印 张 9.5
字 数 101 千字
定 价 45.00 元

充分发挥智库作用
助力中非友好合作

　　当今世界正处于大发展、大变革、大调整时期。世界多极化、经济全球化、社会信息化、文化多样化深入发展，和平、发展、合作、共赢成为人类社会共同的诉求，构建人类命运共同体成为各国人民共同的愿望。与此同时，大国博弈激烈，地区冲突不断，恐怖主义难除，发展失衡严重，气候变化凸显，单边主义和保护主义抬头，人类面临许多共同挑战。中国是世界上最大的发展中国家，人类和平与发展事业的建设者、贡献者和维护者。2017年10月中共十九大胜利召开，引领中国发展踏上新的伟大征程。在习近平新时代中国特色社会主义思想指引下，中国人民正在为实现"两个一百年"奋斗目标和中华民族伟大复兴的"中国梦"而奋发努力。非洲是发展中国家最集中的大陆，是维护世界和平、促进全球发展的重要力量之一。近年来非洲在自主可持续发展、联合自强道路上取得了可喜进展，从西方人眼中"没有希望的大陆"变成了"充满希望的大陆"，成为"奔跑的雄狮"。非洲各国正在积极探索适合自身国情的发展道路，非洲人民正在为实现"2063年议程"与和平繁荣的"非洲梦"而努力奋斗。

中国与非洲传统友谊源远流长，中非历来是命运共同体。中国高度重视发展中非关系，2013年3月习近平主席担任国家主席后首次出访就选择了非洲；2018年7月习近平主席连任国家主席后首次出访仍然选择了非洲；5年间，习近平主席先后4次踏上非洲大陆，访问坦桑尼亚、南非、塞内加尔等8国，向世界表明中国对中非传统友谊倍加珍惜，对非洲和中非关系高度重视。2018年是中非关系的"大年"，继习近平主席访问非洲之后，中非合作论坛北京峰会将于9月召开，这是中非合作论坛史上的第三次峰会。中非人民对此充满热情和期待，国际社会予以高度关注。此次峰会必将进一步深化中非全面战略合作伙伴关系，推动构建更为紧密的中非命运共同体，成为中非关系发展史上又一具有里程碑意义的盛会。

随着中非合作蓬勃发展，国际社会对中非关系的关注度不断加大，出于对中国在非洲影响力不断上升的担忧，西方国家不时泛起一些肆意抹黑、诋毁中非关系的奇谈怪论，诸如"新殖民主义论""资源掠夺论""债务陷阱论"等,给中非关系发展带来一定程度的干扰。在此背景下,学术界加强对非洲和中非关系的研究,及时推出相关研究成果,讲述中国在非洲的真实故事,展示中非务实合作的丰硕成果,客观积极地反映中非关系,向世界发出中国声音,显得日益紧迫重要。

中国社会科学院以习近平新时代中国特色社会主义思想为指导,按照习近平总书记的要求,努力建设马克思主义理论阵地,发挥为党和国家决策服务的思想库作用,努力为构建中国特色哲学社会科学学科体系、学术体系、话语体系作出新的更大贡献,不断增强我国哲学社会科学的国际影响力。我院西亚非洲研究所是根据当年毛泽东主席批示成立的区域性研究机构,长期致力于非洲问题和中非关系研究,基础研究和应用研究并重,出版发表了大量相关著作和论文,在国内外的影响力不断扩大。

为了服务国家外交大局,配合即将召开的中非合作论坛北京峰会,西亚非洲研究所与国际合作局共同组织编写了《新时代中非友好合作智库报告》。这是一套系列智库报告,包括一个主报告和八个分报告。主报告《新时代中非友好合作:新成就、新机遇、新愿景》总结了党的十八大以来,中非双方通过共同努力,在政治、经贸、人文、和平安全等合作领域取得的伟大成就，分析了中国特色社会主义进入新时代为非洲发展和中非合作带来的新机遇，展望了未来中非友好合作的新愿景和重点对接合作领域。分报告包括：《中非直接投资合作》《"一带一路"倡议与中非产能合作》《中非减贫合作与经验分享》《中非人文交流合作》《中非和平与安全合作》《中国与肯尼亚友好合作》《中资企业非洲履行社会责任报告》和《郑和远航非洲与21世纪海上丝绸之路》。它们分别从不同领域和角度详细阐述了中非合作取得的成就，面临的问题和挑战，以及未来发展合作的建议。主报告和分报告相互联系，互为一体，力求客观、准确、翔实地反映中非合作的现状，有利于增进人们对中非关系的认识和了解，为新时代中非关系顺利发展提供学术视角和智库建议。此外，这套智库报告英文版将同时出版，主要面向非洲国家和国际社会，向世界表明中非友好合作完全符合双方26亿人民的根本利益，完全顺应世界和平稳定与发展繁荣的历史潮流。

这套智库报告从策划立项到组织编写，再到印刷出版，前后只有5个月，时间紧，任务重，难免有缺憾和疏漏之处。例如，非洲国家众多，但国别合作报告只有一本《中国与肯尼亚友好合作》，略显单薄，如果至少有5—10本类似的国别合作报告，那么整套智库报告将会更为全面，更为丰满，希望将来有机会弥补这一缺憾，能够看到更多的中非国别合作报告。相信在国内非洲学界的共同努力下，我国的非洲研究和中非关系研究将不断攀登新高峰，从而更好地服务国家战略，助力新时代中非友好合作全面深入发展。

中国社会科学院副院长

蔡　昉

2018 年 8 月

摘要： 随着经济不断发展，社会不断进步，企业行为不再局限于对经济利益的追求，而是逐渐侧重于社会效益的实现。企业社会责任是企业与政府、社会、环境等利益相关方建立联系的重要渠道。企业社会责任的履行既是企业发展战略走向成熟的体现，也是企业实现可持续发展的保障。随着全球化程度的加深，中国改革开放步入深水区，"走出去"的中资企业面临着"走进去"的需求和挑战，尤其是在经济发展问题与社会环境问题交织并存的非洲，中资企业不仅是经济行为体，而且扮演着"社会责任承担者"的重要角色。中资企业在非洲社会责任的履行，一方面有助于企业与当地社会建立良性互动，进而实现长远发展，另一方面有利于树立中国负责任大国形象，从而在全球治理中发挥积极作用，做出更大贡献。与此同时，随着中国逐渐走向国际舞台中央，国际社会密切关注中资企业在非的履责情况，中资企业在非的不当经济行为容易引起国际舆论的批评。在这一国际环境下，提高中资企业履责意识、宣传中资企业履责成绩、分享中资企业履责经验十分必要，且意义重大。

本书首先通过时代背景的描述分析中资企业非洲履责的重要性，并回顾了非洲社会责任发展历程，概括了海外中资企业履责现状。接下来，本书结合优秀企业的具体案例，从市场责任、社会责任、环境责任、责任管理四个方面对中资企业非洲履责实践进行总结。最后，本书针对企业履责实践中的不足提出了政策建议和意见。

关键词：中资企业；非洲；企业社会责任；中非关系

Abstract: With the continuous development of economy and the constant progress of society, corporate behavior is no longer limited to the pursuit of economic interests, but gradually focuses on the realization of social benefits. Corporate Social Responsibility (CSR) is an important way for enterprises to establish contacts with stakeholders such as government, society and environment. The practice of corporate social responsibility reflects not only the maturity of enterprise development strategy, but also guarantees enterprises to achieve sustainable development. With the deepening of globalization, China's reform and opening up enters into the "deep water area". Chinese enterprises encouraged by the policy "going out" are facing the demand and challenge of "going in", especially in Africa, where the problems of economic development and social environment are intertwined. Chinese enterprises are not only economic actors, but also play the important role of "social responsibility bearers". On the one hand, the implementation of the CSR in Africa contributes to the establishment of a benign interaction between the enterprises and the local society, so that to realize the long-term development. On the other hand, it is conducive to setting up the image of the responsible country for China, thus being in the favorable position in the global governance, playing a positive role and making greater contributions. At the same time, as China gradually moves towards the center of the international stage, the international community pays close attention to the performance of the Chinese enterprises in Africa and the incorrect and illegal economic behavior of the Chinese enterprises in the world will easily lead to the criticism of the international public opinion. In this international context, it is very important to improve the consciousness of Chinese enterprises, to disseminate the performance of the Chinese enterprises and to share the experience of the Chinese enterprises in the area of CSR.

This paper analyzes firstly the importance of CSR of Chinese enterprises in Africa through the description of the background, and reviews the history of the development of CSR in Africa, and summarizes the current situation of CSR of the oversea Chinese enterprises. Then, combined with the specific cases of outstanding enterprises, the paper summarizes the practice of CSR of Chinese enterprises in Africa in four aspects such as, market responsibility, social responsibility, environmental responsibility, responsibility management. Finally, the report puts forward policy suggestions according to the deficiencies in the practice of CSR.

Key Words: Chinese Overseas Enterprises, Africa, Corporate Social Responsibility, China-Africa Relations

目　　录

第一章　中资企业与社会责任

一　中资企业非洲履行社会
责任时代背景

随着中国对外开放和"一带一路"倡议的深入实施，中国企业迎来了"走出去"的新的重大历史机遇，同时也面临来自海外政治、经济、法律、金融、文化、宗教等复杂环境的风险与挑战。在经济全球化的背景下，企业社会责任不再是一个国家或一个企业的单独行为，越来越多的国家、企业加入到企业社会责任运动中来，企业社会责任逐步成为全球共识和国际趋势。近年来，随着中国在非洲投资规模的持续增长，中资企业在非洲的影响力也在不断提升。在非中资企业社会责任对中非合作深入发展有重要意义，国家也越来越重视对企业社会责任的引导和规范。国际社会在企业社会责任领域制定和出台的一系列标准和规范，也对在非中资企业提出了新的要求和挑战。

自 2006 年中非合作论坛北京峰会以来，中非合作一直保持着良好的发展势头，在政治、经济、外交、文化等领域均取得了重大成就。自 2009 年起，中国成为非洲最大的贸易伙伴国。2016 年，中国对非洲进出口总额达 1491.2 亿美元，中国对非洲非金融类直接投资流量为 33 亿美元，同比增长 14%。中资企业投资范围涉及采矿业、建筑业、农业、制造业、电信等领域。麦肯锡报告显示在非洲投资兴业的中国企业超过 1 万家，中资企业参与非洲经济的深度和广度大大增加。2016 年，中国政府积极推动"一带一路"建设，稳步开展国际产能合作，"走出去"工作体系不断完善，中国企业主动融入经济全球化进程加快。非洲既是"一带一路"倡议的自然延伸，也是"一带一路"的重要方向和落脚点。"一带一路"建设给中非合作发展带来了新机遇。

中国企业加大在非洲的投资既是中国"走出去"战略升级的需要，也是非洲国家实现发展、满足民生的迫切需求。近年来，中国经济进入转型关键期，经济发展由"求数量"向"求质量"转变。在新时期，中国需要进一步深化改革开放，合理利用战略机遇期，寻找新的经济增长点，实现可持续发展。非洲国家自然资源丰富、人口众多并且增长较快，经济发展具备自身优势和潜力。由于区域一体化的深化、国际合作的加强、国家执政能力的提高，非洲国家在一定程度上实现了经济发展，一些国家保持了较高的增长水平。但由于历史原因，非洲国家发展起点低、经济基础薄弱、发展成果分配不均衡，在国际产业链中处于劣势地位。中国投资非洲市场，一方面，可以充分发挥和利用中国的产能优势和发展经验，另一方面，为释放非洲发展潜力准备了基础设施条件，也为非洲现代化提供了技术和人员储备。

随着中国在非洲投资项目的增加，投资领域的拓展，中资企业与非洲本土政府和社会的互动联系愈加频繁和深入，这不仅要求中资企业需将企业的发展目标与当地政府的发展规划结合起来，而且要将当地社会利益纳入企业发展战略当中。企业社会责任，作为企业实现其社会功能的重要渠道，是中资企业与非洲当地市场、社会、环境等利益相关方建立良性互动的有效平台。由于非洲政治、人文环境和地理环境的独特性，中资企业在非洲要承担的社会责任十分重大。非洲发展过程中面临着技术和人力资源短缺、发展不平衡、自然环境脆弱等问题，在非洲的中资企业可以通过社会责任的履行在一定程度上弥补这一缺陷，进而成为非洲经济腾飞的重要助推器。中资企业在非履行社会责任是帮助非洲国家发展经济、增加就业、改善民生，实现自主可持续发展的要求。同时，实现最大的社会效益，是在非中资企业创造更多可持续经济价值的有效途径。积极履行海外社会责任，帮助解决非洲经济发展问题，有助于树立中资企业在海外的良好形象。

中资企业注重履行社会责任既是进一步推进中非合作的现实需求，也是党和政府政策引领的发展方向。随着企业社会责任的发展，国家对企业履行社会责任的标准提出了更高要求。

党的十八大以来，习近平总书记在多个重要场合的讲话中强调企业履行社会责任的重要性，要求企业积极承担社会责任。2013年3月，习近平主席在南非德班非洲国家领导人早餐会上讲话表示："中国政府将积极采取措施，鼓励中国企业扩大对非投资，继续要求中国企业积极履行社会责任。"2016年4月，习近平总书记在网络安全和信息化工作座谈会上发表重要讲话指出："一个企业既有经济责任、法律责任，也有社会责任、道德责任。企业做得越大，社会责任、道德责任就越大，公众对企业这方面的要求也就越高。……只有富有爱心的财富才是真正有意义的财富，只有积极承担社会责任的企业才是最有竞争力和生命力的企业。"2016年4月，习近平总书记在中央政治局第31次集体学习时强调，中国是"一带一路"的倡导者和推进者，我们要在发展自身利益的同时，更多考虑和照顾其他国家的利益。要坚持正确义利观，以义为先、义利并举、不急功近利，不搞短期行为。中国企业走出去，既要重视投资利益，更要赢得好名声、好口碑，遵守驻在国法律，承担更多社会责任。

2016年，中国出台了《中国落实2030年可持续发展议程国别方案》（以下简称《国别方案》），成为指导中国开展落实工作的行动指南，并为其他国家尤其是发展中国家推进落实工作提供了借鉴和参考。面向未来，中国将以《国别方案》为指导，贯彻创新、协调、绿色、开放、共享的发展理念，加快推进可持续发展议程落实工作，并继续为全球发展事业做出力所能及的贡献。

十九大报告对中国企业社会责任提出了更高的要求，为中国企业社会责任在今后更长时间的发展指明了方向。一方面强调了供给侧改革、创新驱动、精准扶贫、生态保护、应对气候变化、"一带一路"建设等十八大以来持续推进的议题。另一方面，提出了许多与企业社会责任相关的新战略和新议题，如在思想道德建设中强化社会责任意识、规则意识和奉献意识；文化事业发展要把社会效益放在首位，社会效益和经济效益相统一；推进国际传播能力建设，讲好中国故事，提升国家文化软实力等，为中资企业履行海外社会责任确定了更加明确的目标。

此外，在"一带一路"倡议提出之后，国家领导人多次强调要继续推动中国企业在海外履行社会责任。十九大报告中提出的中国特色社会主义新时代也是中非关系的新时代。十九大报告明确提出的构建人类命运共同体理念也是中非命运共同体的延伸和拓展。2013 年 3 月，习近平主席在坦桑尼亚尼雷尔国际会议中心发表的题为《永远做可靠朋友和真诚伙伴》的演讲中回顾了中非友好合作的历史，提出"中非从来都是命运共同体"。并指出，这种休戚与共的关系决定了中国和非洲国家长期以来彼此关注其发展需求和核心利益，都把对方的发展视为自己的机遇，并积极通过加强合作促进共同发展繁荣。构建中非命运共同体，是中非合作的努力方向和美好愿景，是新时代中非合作的核心理念。2017 年 5 月 15 日，习近平主席在主持"一带一路"国际合作高峰论坛圆桌峰会时，提出"我们携手推进'一带一路'建设国际合作，……推动'一带一路'建设国际合作不断取得新进展，为构建人类命运共同体注入强劲动力。"

中非命运共同体的构建要求中国企业在"走出去"时充分顾及和考虑非洲国家的发展利益，利益相融、命运相连才能实现共同发展、可持续发展。社会责任将企业发展需求和当地发展命运联结起来，是建立命运共同体的具体途径。积极履行社会责任是中资企业寻找中非利益交叉点和发展战略契合点的具体体现。当前，非洲社会服务水平和人民生活条件亟待提高，非洲国家试图将经济增长率有效地转化为惠及人民大众的发展成果，在这一现实需求下，中资企业在非洲履行社会责任的意义尤为重大。

随着"一带一路"倡议的提出，中国开放的大门更加敞开，更深层的开放政策能够促进企业"走出去"战略升级，为对外投资增添新的引擎。民心相通是"一带一路"建设的重要方面，在共同利益基础上相互理解、确立共识才能做到"以心相交"。企业社会责任的履行要求中资企业想非洲所想，急非洲所急，积极为非洲工业化进程提供资金、技术、人才支持，帮助非洲提高自主发展能力。随着中国不断走向国际舞台的中央，国际社会对中国各方面的关注都在加强，负面乃至抹黑中国的舆论和媒体报道也是此起彼伏。中国在非投资的深入，不可避免地触及原有的生产关系和当地社会结构，改变当地生态环境。如何避免与当地政府、社会的冲突，减少对当地环境的破坏，这需要企业提高社会责任意识并切实落实社会责任。因此，在非中资企业履行社会责任不仅对企业长期发展有重要意义，而且关乎国家利益实现和非洲经济崛起。

为倡导企业积极履行社会责任，联合国、国际标准化组织、全球报告倡议组织等国际组织纷纷提出有关社会责任的标准、守则和倡议，并成立相关机构和组织，在全球积极推行企业社会责任。

2010 年 11 月，国际标准化组织正式发布社会责任指南标准（ISO26000），包括组织治理、人权、劳工实践、环境、公平运行实践、消费者问题、社区参与和社区发展七大核心主题，为包含政府、企业等在内的所有组织履行社会责任提供指导。

2015 年 9 月，各国领导人签署了联合国可持续发展目标（SDGs）。联合国可持续发展目标不仅对各国政府在未来十五年的社会、经济和环境发展方面提出了要求，也号召企业发挥其资金、技术优势，积极参与到 2015 年后的发展议程中，为全球经济、环境和社会的普惠共赢做出贡献。

2016 年 10 月，全球报告倡议组织（GRI）发布《可持续发展报告指南（GRI Standards）》，取代 G4 指南，成为全世界企业社会责任报告（CSR）的新标准。新版本将标准分为通用标准和特定议题标准，并将特定议题指标分为经济、环境、责任三大类，能够更透明地披露相关信息，并与 SDGs 接轨。全球可持续标准委员会（GSSB）副主席表示，新版本是 GRI 与政府及企业合作的成果，目的是让企业更加了解自身的可持续发展绩效，更有效地实现外部沟通。为推进企业加深对社会责任的理解，国际组织各司其职，紧密联系，不仅为企业提供履行社会责任的技能培训，还搭建了企业社会责任信息交流平台，对规范企业行为起到了不可替代的作用。

国际组织倡导推出的新标准和新守则，不仅对海外企业履行社会责任提供了政策性和实用性的指导，而且对企业在国际市场上的经济行为提出了更高、更全面的标准和要求。

为推进企业履行社会责任，越来越多的国家和地区将社会责任和可持续发展理念贯穿到国家战略规划和政策制定中。在经济全球化的背景下，一些多边双边贸易、投资协定增加了环境和社区发展等社会责任的内容。很多国家为实现本国企业在海外的可持续发展，通过外交部和驻外使领馆推动海外企业履行社会责任。全球资本市场关注社会责任信息披露，要求上市公司履行社会责任。

责任竞争已经成为跨国公司提升海外竞争能力的重要内容。整体而言，跨国公司越来越重视履行企业社会责任，加强社会责任管理，以披露企业社会责任这一显性指标来看，全球 500 强企业披露社会责任比例从 2005 年的 30% 上升到 2015 年的 63%。如：通过打造负责任供应链，对供应商实施社会责任评估，使其满足相关标准要求，对于不符合要求的供应商会帮助其改进或取消合作资格；重视责任实践，在劳工权益维护、环境保护、慈善公益等领域开展责任实践活动，助力东道国缓解社会问题。

二　企业社会责任的内涵

对企业社会责任定义的掌握是在实践中指导和规范企业行为的前提条件。然而，企业社会责任一直是不同领域学者争论的主题。如何明确这一概念的内涵，如何划定企业社会责任的范围，是否能够要求企业承担社会责任等论题仍未得到满意的解答。

企业社会责任这一概念最早出现在美国。[①] 1895年，美国社会学家阿尔比恩·斯莫尔（Albion Small），在世界第一本社会学刊物《美国社会学杂志》中倡导"不仅是公共部门，私有企业也应赢得公众的信任"，这标志着企业社会责任概念的缘起。1916年，芝加哥大学教授克拉克（J. Maurice Clark）在《改变中的经济责任的基础》一文中指出，大部分的社会责任是由企业承担的。自此，企业与社会责任直接连接起来，并从社会责任角度审视商业行为。霍华德·R. 鲍恩

[①]　侯怀霞：《企业社会责任的理论基础及其责任边界》，《学习与探索》2014 年第 10 期。

（Howard R. Bowen）于 1953 年在他撰写的《企业家的社会责任》一书中首次赋予企业社会责任明确定义，即"商人的社会责任"为"商人具有按照社会的目标和价值观去确定政策、做出决策和采取行动的义务"。霍华德·R. 鲍恩也因此被称为"现代社会责任之父"。20 世纪 60 年代，亚利桑那州立大学管理学教授基思·戴维斯（Keith Davis）提出企业对社会的责任应该超出经济方面，而应涉及关乎人类利益的领域，因为"商人的社会责任必须与他们的社会权利相称"。20 世纪 70 年代，对企业社会责任的认识不断深化，呈现出多样化特点。80 年代，各领域学者更加侧重于企业社会责任框架的建构。90 年代，经济学、社会学、伦理学等学科对企业社会责任展开了激烈的讨论，在实践中进行积极的探索，并将其延展到其他理论，如利益相关方理论、企业社会绩效、企业公民等。

随着有关企业社会责任的探讨的不断深入和拓展，我们可以认为现代企业社会责任理论已经形成，但关于企业社会责任的概念在学术界还没有统一的定义。企业社会责任的理论与实践仍在困境中不断探索发展。

一些学者认为对社会责任的认知和履行是企业的自觉行为。如伍德（Wood）教授将企业社会责任定义为企业的自我规制。而一些专家认为企业履行社会责任是社会对企业施加压力的结果。如德鲁克认为企业社会责任是社会对企业经营管理权利合法性的要求，也是企业的一项社会功能。卡罗尔也指出"在一定时期内社会对组织所要求的经济责任、法律责任和伦理和自由决定的责任"。他们强调企业是迫于社会或者政府的压力而承担相应的社会责任。

部分学者将企业保障社会健康良性运转看作是企业社会责任的出发点。鲍恩将企业社会责任定义为确立政策或者遵守行为准则的过程中满足社会的价值观和目标，强调社会的价值观在企业决策中的优先性。[①] 另一部分学者则从企业利益和业务发展的角度分析企业社会责任的重要性。如，大卫·加列戈（David Gallego）提出，企业除了遵守法律之外，还要致力于人力培养、环境保护等工作，从而提高企业的竞争力。凡·海德（Van der Heyden）与凡·瑞德（Van der Rijt）也认为满足社会道德标准的企业行为有助于企业树立良好形象。布尔斯基·卡里（Boul Stridge Carrigan）更明确地指出，企业社会责任与企业营利性目标成正相关关系。

针对企业是否应该承担社会责任，各个学者观点也是莫衷一是。如，弗里德曼认为企业的唯一目的是在不违反"游戏规则"的前提下实现利益最大化，经

---

① 戴艳军、李伟侠：《企业社会责任再定义》，《伦理学研究》2014 年第 3 期。

济责任是企业唯一的社会责任。

对企业社会责任的认知不同，一方面是由于学者从自己的学科领域出发，分析角度有差异，如社会学学者从社会的系统性的高度认识企业行为体的作用，而管理学家则从企业管理的侧面分析社会责任的必要性。另一方面，随着实践的发展与推进，一些争论不再成为主流，如企业是否应该履行社会责任，而一些理论成为指导实践的重要参考，如利益相关者理论。

尽管由于其跨学科多领域的特点，企业社会责任至今没有一个能够被广泛接受的定义，然而不可否认的是企业社会责任已成为企业商业投资行为中不可忽视的重要方面，国际上对于企业社会责任履行的标准和规范也呈现细化、专业化趋势，这对企业行为的规范提供了更高的要求和依据。其中有广泛影响的有"全球契约"计划，全球永续性报告协会，全球苏利文原则等。2010 年 ISO26000 社会责任国际标准正式发布，首次在国际范围内为包括政府在内的所有社会组织的"社会责任"提供了指南标准。

1999 年，前联合国秘书长安南在瑞士达沃斯世界经济论坛上提出"全球契约"计划，要求各企业在各自的影响范围内遵守、支持以及实施一套在人权、劳工标准、环境及反贪污方面的十项基本原则。"全球契约"计划的推出旨在建立一个推动经济可持续发展和社会效益共同提高的全球机制。这十项原则包括：
（1）企业应该尊重和维护国际公认的各项人权；（2）
绝不参与任何漠视与践踏人权的行为；（3）企业应该
维护结社自由，承认劳资集体谈判的权利；（4）彻底
消除各种形式的强制性劳动；（5）消除童工；（6）杜
绝任何在用工与行业方面的歧视行为；（7）企业应对
环境挑战未雨绸缪；（8）主动增加对环保所承担的责
任；（9）鼓励无害环境技术的发展与推广；（10）企
业应反对各种形式的贪污，包括敲诈、勒索和行贿受
贿。联合国全球契约组织在中国拥有 276 名成员，其
中有 240 多家企业。

全球永续性报告协会（Global Reporting Initiative，
简称 GRI）的主要目的是在世界范围内帮助企业和政
府认识其行为对可持续发展的影响，如气候变化、人
权、社会福利等。通过实质性的行动，帮助和影响企
业创造社会、环境、经济效益。该协会成立于 1997
年，至今，在世界前 250 家大型企业中，有 93% 的企
业发布可持续报告。

全球苏利文原则（Sullivan Principles）是一个于
1977 年初步制定的企业行为规范原则，由非裔牧师里
昂·苏利文为了促进企业的社会责任所制定。该原则
倡导在南非经营的美国公司抛除种族观念，给予南非
工人同等于美国雇员的权利。原则包含八项规则，这

些规则是针对员工的需求制定，作为开展业务的必要条件。（1）维护全球人权（特别是员工）、小区、团体、商业伙伴；（2）员工均有平等机会，不分肤色、种族、性别、年龄、族群及宗教信仰，不可剥削儿童、生理惩罚、凌虐女性、强迫性劳役及其他形式的虐待事项；（3）尊重员工结社的意愿；（4）除了基本需求，更提升员工的技术及能力，提高他们的社会及经济地位；（5）建立安全&健康的职场，维护人体健康及环境保护，提倡永续发展；（6）提倡公平交易如尊重智能财产权、杜绝贿金；（7）参与政府及小区活动以提升这些小区的生活质量，如透过教育、文化、经济及社会活动，并给予社会不幸人士训练及工作机会；（8）将原则完全融合到企业各种营运层面。这些规则在促进跨国公司尊重人权和保障社会正义方面发挥着重大作用。

国际标准化组织（International Standard Organization，缩写为ISO）在进行了社会责任国际标准的可行性研究和论证后，于2010年在瑞士日内瓦正式发布ISO26000社会责任国际标准。基本原则有：（1）强调遵守法律法规，强调组织应当愿意并完全遵守该组织及其活动所应遵守的所有法律和法规，尊重国际公认的法律文件；（2）强调对利益相关方的关注；（3）高度关注透明度；（4）对可持续发展的关注；（5）强调对人权和多样性的关注。ISO26000 的出台过程十分复杂并漫长，由 54 个国家和 24 个国际组织参与了指南的开发和论证，对国际上存在的原则和先例进行了吸收和补充。ISO26000 是在充分尊重发达国家与发展中国家的多样性和差异性基础上，充分发挥各会员国的技术和经验优势制定开发的一个内容体系全面的国际社会责任标准。该标准的诞生在更大范围、更高层次上推进全球社会责任运动，是建立社会责任全球共识的关键一步。

三　中资企业非洲履行社会责任的重要性

（一）企业角度

1. 保障海外业务顺利运营，合作项目顺利实施

境外机构、项目的顺利运营离不开当地社区、政府等利益相关方的支持。处理好与利益相关方关系能为企业项目的顺利进行提供良好的外部环境。企业、社会、环境之间的和谐关系是企业与利益相关方实现利益共赢的前提条件。履行社会责任可以增进境外机构、项目与当地社会、政府、社区、工会及其他利益相关方的相互理解，让他们了解和认识到境外企业既是投资者（或工程技术服务提供方），更是社会公益

和绿色低碳、可持续发展的倡导者和实践者。为当地提供就业、培训、教育机会和转让技术、使用当地设备、材料和服务、援建当地社区项目、援助救灾等具体做法，不仅能让当地百姓获得实实在在的收益，而且能取得各利益相关方的认可与支持，为境外机构、项目顺利运营提供坚实保障。

2. 树立企业良好形象，实现企业长远发展

履行企业社会责任是境外企业与当地社会建立联系的重要渠道。企业社会责任是企业树立良好形象的明信片。企业通过履行社会责任树立高度负责和广受尊重的企业形象，有助于提高企业知名度，提升境外企业的国际影响力。在实现企业利益的同时，积极为当地提供公共产品，成为有高度社会责任感的"全球企业公民"。

企业社会责任的履行是提升企业软实力的重要手段。实现与利益相关方的合作共赢，实现企业、社会、环境和谐发展，促进当地经济与社会的繁荣和进步，可以为境外业务的进一步开拓打下坚实基础。恪守当地法律法规、尊重当地风俗习惯、重视当地员工职业和身心健康、参与当地社会公益、帮助当地经济发展等一系列做法，可以充分展示企业"软实力"，与各利益相关方建立持续的信任关系，从而建立长期的合作关系。

3. 积极融入国际市场，提高企业竞争力

随着经济全球化不断深入，企业在国际市场中面临更激烈、更深层的竞争。企业社会责任全球标准的确立不仅为企业社会责任履行提供行动指南，而且成为企业在国际市场上竞争的重要参考和筹码。在非洲大陆，美国企业是非洲企业社会责任理念的引入者和实践的先行者。英法等欧洲传统殖民强国已与当地社会建立了历史性的长久关系，与当地社会联系密切，在合作关系中有着先天优势，拥有较大影响力和话语权。随着新兴经济体的崛起并迈入非洲市场，新兴国家与传统强国的竞争关系不断升级。

在新的国际环境下，人权、可持续发展等发展理念不断深入人心，被看作实现公平、有效全球治理的重要基础和实现路径，企业社会责任不仅成为各国企业在非洲竞争的重要因素，也构成了域外大国与非洲国家进行对话与合作的重要平台。中国在非企业的社会责任意识仍相对薄弱，缺乏实践经验，是中资企业在非洲扎根立足的短板。如何提高企业社会责任意识，完善相关管理监督机制，是补齐企业发展短板、提升企业竞争力的关键。

（二）中国角度

1. 深化中非合作的并行之举

近年来，中非合作发展迅猛，中国已成为非洲最

大的贸易合作伙伴、最大就业创造者和第三大投资来源地。中非经济合作不仅规模在不断扩大，而且合作方式也在不断深化。由以贸易和承包工程为主，逐渐转向投资、产能、技术、服务等领域。中国政府和企业通过在非投资建厂、建设中非产业园，加大产能合作，推进非洲工业化进程。这一转变使中国企业"走出去"迈入了新阶段，中非关系不再是建立在贸易基础上的表层往来关系，而是涉足交错复杂的社会关系中，与本土社会的互动更加频繁和深入。中国企业在参与非洲工业化的过程中，极易触及当地社会的利益，改变当地社会关系或生态景观。坚持"正确义利观，义利并举，以义为先"，实现互利共赢，是进一步发展中非合作的前提。"只有义利兼顾才能义利兼得，只有义利平衡才能义利共赢。""在需要的时候，还要重义让利，甚至舍利取义"，这些理念对中非关系平衡发展有指导意义，也是在非中资企业进行经营活动中应秉承的原则。

2. 推动公共外交工作的重要抓手

公共外交是一国政府通过文化交流、信息项目等形式，了解、获悉情况和影响国外公众，以提高本国国家形象和国际影响力，进而增进本国国家利益的外交方式。推进中国特色大国外交，形成全方位、多层次、一体化的外交布局是十九大对外交工作的新定位和新方向。其中的"多层次",包括政府、社会、企业等不同性质的行为体。公共外交成为外交事务中的重要一环。在公共外交中,企业作为资本、知识、技术和人才高度密集的社会组织,处于社会、经济、文化交往的前沿位置,具有开展公共外交的有利条件。企业不仅为国家创造经济价值和物质财富,而且通过自身行为直接影响国家形象的塑造。因此,公共外交是企业履行社会责任的高级表现形式之一,企业是当代中国公共外交事业的重要力量。

3. 提升国家软实力的有效途径

作为衡量综合实力的重要方面,软实力是一国立足于国际社会的关键。企业行为的规范程度、制度水平的高低影响对一国软实力的评判。企业提供的产品、服务质量水平,企业员工素质,是构建一国国际形象的重要媒介。企业通过从事经济活动对外传播着一个国家的文化和价值观念。企业形象的好坏直接关乎国家形象。企业是构建国家形象的重要主体,是增强一国软实力的重要力量。

企业社会责任要求企业在寻求经济价值过程中尊重对象国的社会需求,在经济行为中突出道义和正当性,以提高中国文化的感染力。把回馈当地社会纳入企业发展战略不仅是企业在一国长久立足发展的前提,更是负责任大国的体现。企业绿色、健康、人性化的发展理念有利于提升中国方案、中国经验、中国道路的吸引力。

中国在非洲的经济存在经常是西方国家舆论攻击的对象。一些西方国家有时通过"新殖民主义""资源掠夺"等论断诋毁中非关系，以维护自身的政治全球战略和经济既得利益。中国在非企业社会责任的履行体现了把非洲人民的意愿放在中非关系发展的首位这一理念。用实际行动有力地回击了西方国家对中非合作的诋毁和误读。因此，鼓励和提倡企业履行社会责任有利于树立良好的国家形象，从而增强国家软实力。

4. 参与建立国际秩序的新渠道

随着经济全球化的发展，各国企业海外投资活动不断增多。企业社会责任的必要性已在全球范围成为共识。企业社会责任标准，作为企业的行动规范和参考，影响着企业的发展理念，并能够为企业发展创造空间。因此，企业社会责任标准的制定和确立成为一国从国家利益出发进行博弈的议题之一。兼顾各国发展利益的企业社会责任准则有助于建立公平、合理、公正的国际新秩序。参与企业社会责任标准的制定是一国提升国际话语权的机会和平台。

例如，ISO26000 的制定兼顾了发达国家与发展中国家的实际情况与需要。在工作组的成员分配上，发

展中国家和发达国家具有同等地位，工作组的主席由
发展中国家和发达国家的专家共同担任。不同国家地
区的情况得到了充分的尊重。这些原则和细节使得 ISO
标准更具公正性和说服力。同时，差异性也是中国在
ISO26000 开发过程中极力主张的一个原则，强调每个
国家的情况有所不同，同一组织在不同国家和地区面
临的环境也不相同。中国通过在国际组织议事工作中
发声，在维护发展中国家利益的同时，提升了自己的
国际话语权和影响力。

（三）非洲角度

1. 满足生存诉求，解决民生问题

企业社会责任的主要原则是满足对象国的生存与
生活需求，将当地社会的需求纳入企业发展目标。非
洲国家普遍面临就业、吃饭、健康三大民生问题。中
国在自身发展历程中，面临过相似的发展困境，中国
有义务帮助非洲国家解决民生问题。民生问题的解决
不仅体现在中非合作计划制定的战略层面，如，自主
工业、粮食安全、公共卫生三大体系建设，而且要通
过企业行为落到实处，让合作项目真正惠及非洲民
众。中国企业作为中非合作重要参与者，处于认识和
解决非洲民生问题的前线，能够切实了解和满足非洲
人民的实际诉求。在项目设计和落实过程中，想非洲

人民所想，急非洲人民所急，为当地民众办实事，为企业在当地扎根坐实打下坚实基础。为所在社区修路、打井、建学校、资助弱势群体等企业履责行为解决了当地民众的实际困难，为民生发展做出了具体贡献。

2. 培养发展比较优势，打造新经济增长点

由于特殊历史原因，非洲经济发展起步晚，发展进程被外部殖民侵略中断。非洲国家参与全球化的方式较为被动，并且在世界经济链条中处于劣势位置。非洲经济发展过于依赖原材料出口的事实造成了非洲经济对外部市场依附性强的特点，从而阻碍了非洲自主发展道路。如何在积极参与经济全球化的同时避免受到全球化的冲击，如何受惠而不受制于国际市场，这需要非洲国家转变发展模式，改善其在世界经济链条中的地位。通过利用自然资源优势，完善基础设施网络，培养技术人才来发展其他比较优势是实现经济转型的前提。企业社会责任的履行要求企业提高当地人的雇用比率，重视对当地员工的培训。充足的高质量的人员储备为非洲国家从资源依附型向劳动密集型发展模式准备了条件。非洲技术、管理员工素质的提高能够促进非洲国家生成发展的内生动力，使非洲国家更主动更积极地参与工业化生产，为工业自主化铺平道路。

3. 探索新型发展道路，营造和谐社会关系

非洲经济崛起处于全球治理日益深化的新时期。环境治理、气候变化等全球性问题已成为国际社会面临的共同议题。如何避免走上发达国家"先污染后治理"的老路，将环境问题纳入发展目标，在不破坏环境的前提下适度开发，实现经济发展是非洲各国思考和探寻的问题。为此，非洲国家政府制定了各层级的法律法规，以规范境外企业在当地的经济行为。中国在非企业遵守当地法律，保护当地环境，这既是企业履行社会责任的重要方面，也是企业积极回应非洲国家发展道路新选择的具体体现。战略层面，在中非绿色发展合作计划下，中国支持非洲探索低碳和可持续的发展道路。企业履行社会责任，重视环境问题，把支持非洲国家走绿色可持续发展道路的工作落到实处。非洲国家探索出一条可持续发展道路，实现环境与社会和谐发展，既是中资企业在非洲可持续发展的保障，也是中非关系永续发展的前提。

4. 根除社会冲突根源，塑造稳定发展环境

教育和就业问题是造成非洲社会不稳定的重要因素。教育资源的缺失，造成非洲民众文盲问题难以得到改善，迅猛增长的人口不能转化为经济发展的动力，反而造成越来越繁重的人口压力。经济发展

不平衡，资源分配不均衡使得大部分民众只能通过从事非正式工作维系生活。大量的失业人员，尤其是青年，对社会发展无望，极易受到极端武装组织的思想蛊惑，被其吸纳为成员，这构成了社会不稳定因素。

境外企业，虽然不能代替当地政府从根本上通过有力政策改善社会问题，却能够通过社会责任的履行促进就业，提供教育资源，从而缓解社会矛盾。企业不单是经济活动主体，作为"全球企业公民"，有责任调动自身资源优势，与当地民众一同面对和解决制约当地发展、影响社会稳定的问题。

社会动荡是制约非洲经济发展的重要因素，对投资环境的评估造成负面影响。社会稳定是经济发展的前提保障。稳定与发展的良性互动才能保证国家和社会的不断发展进步。企业，作为社会稳定的直接受益者，应为营造稳定的发展环境做出贡献。

四 非洲社会责任发展历程与海外中资企业履行社会责任现状

随着企业社会责任在世界范围内得到重视和认同，企业社会责任理念在非洲大陆逐渐形成并得到推广。了解社会责任在非洲的发展历程有助于掌握非洲国家和人民对企业社会责任的认识程度，更好地打造中资企业在非投资环境。

企业社会责任在非洲发展得较早，本土企业对企业社会责任的理念认知也较为全面深入。中国国际扶贫中心《中国在非投资企业社会责任及脱贫影响研究》课题研究成果将非洲企业社会责任发展历程分为三个阶段。[①]

启蒙阶段（1977—1993年），该阶段以"全球苏利文原则"的制定为起点，在非跨国公司将以维护人权和社会正义为目标的企业社会责任理念引入非洲，"全球苏利文原则"呼吁签约公司践行企业公民责任，协助黑人平等使用公共和私人设施。除跨国公司的引领作用以外，非洲本土企业也同时从事企业社会责任实践活动，虽然这类活动还较为零散。社会文化、宗教信仰、传统思想等是非洲一些国家企业社会责任理念形成的主要来源。例如，在乌干达，天主教徒将个人年收入的十分之一用于支持教会福利活动。慈善理念和行动根深蒂固在塞拉利昂社会和传统生活中。20世纪七八十年代，非洲各国政府加大企业社会责任的推进工作。例如，1981年，毛里求斯发布雇主联合会企业行为守则，由19

---

① 中国国际扶贫中心：《非洲企业社会责任发展历程与特点》，《中国企业社会责任》2016年第11期。

个原则组成，是毛里求斯第一个与"企业社会责任"相关的守则。

本土化初始发展阶段（1994—2010 年），以南非为代表的非洲国家陆续发布了有关企业社会责任的报告、法律、法规，其中比较有代表性的有南非有关企业可持续发展自律实施的指导性文件《King I 报告》（1994 年）、《平等就业法》（1998 年）、《促进平等和预防不合理歧视法》（2000 年）、《矿产与石油资源开发法》新法（2002 年）。2007 年，尼日利亚颁布了《国家环境标准和法规执行机构（建立）法案》。此外，各国企业创建了多个社会责任论坛，社会力量也积极参与到企业社会责任发展中，一些企业社会责任相关研究机构陆续成立。与此同时，企业社会责任领域的国际交流与合作也在非洲各国展开。

形成基本共识阶段（2011 年至今）：这一阶段，非洲本土标准逐渐与国际标准接轨，对国际规范的认知和实践也愈加广泛和深入。在此基础上，形成了非洲企业社会责任理论与实践上的基本共识。例如，社会责任国际标准 ISO26000 已经被全球 76 个国家转化为国家标准，其中非洲国家有 22 个，占非洲 54 个国家的 41%。在全球报告倡议组织（GRI）报告库中，非洲企业报告数量迅猛增加。2000 年仅有 3 份南非公司的报告，2010 年报告总数增长至 116 份，2011 年达

392 份，比 2010 年增加了 237.9%。

根据对非洲企业社会责任发展阶段的分析，中国国际扶贫中心项目课题研究成果将非洲企业社会责任的主要特点总结为以下几个特点，① 特点一：非洲企业社会责任理念启蒙较早。苏利文原则创建于非洲，因此非洲地区较早地产生了企业社会责任的萌芽，企业社会责任意识也较强，认知较为深入。特点二：企业社会责任在非洲区域之间发展不平衡，根据企业性质不同，企业社会责任履行程度有较大差异。参考使用 ISO26000 的国家主要集中在北非和南非地区，而在其他地区则较少，甚至尚无，地区间差异较大。在 GRI 报告库中，2015 年大型企业发布的报告数量占总数的 91.61%，跨国公司、大型企业社会责任管理水平较高，政策较完善。而中小型企业社会责任意识较弱，水平较低。特点三：非洲企业社会责任理念的形成与尊重人权、尊重劳工权利密切相关，之后进一步涉及教育、健康和社区关系等议题。特点四：国际倡议和国际标准在非洲企业社会责任发展中发挥了重要作用。非洲与外界联系十分紧密，"全球契约"在非洲设立的办事处对非洲企业履行社会责任有重要指导和监督作用。

---

① 中国国际扶贫中心：《非洲企业社会责任发展历程与特点》，《中国企业社会责任》2016 年第 11 期。

非洲企业社会责任发展较早、理念认知较深入的特点要求中资企业在走进非洲过程中在社会责任方面需严格规范自身行为，避免因认识不足、行为不当而激发社会矛盾。非洲企业社会责任与国际标准接轨较紧密，这一现实要求中资企业在履责过程中全面认识和应用各项国际契约和标准，履行自身责任，保护自身利益。

海外中资企业履责情况有一定的普遍性，在非中资企业履责呈现了海外中资企业履责的现状特点和发展趋势。因此分析海外中资企业的履责现状有助于认识在非中资企业履责在理论和实践上所处的发展阶段，进而探寻出中资企业在非履责的发展空间和努力方向。

《中资企业海外社会责任研究报告（2016—2017）》① 以100家企业（其中24家中央企业、34家其他国有企业、24家民营企业）为研究对象，对中资企业海外社会责任管理和实践现状进行了考察和分析，总结了中资企业海外社会责任发展的阶段性特征。

报告显示：大多数企业社会责任信息披露水平处于较低的发展阶段。一方面反映了海外社会责任理念未能在"走出去"的中资企业中形成广泛的传播和认同，多数企业并没有将海外社会责任纳入日常工作和

---

① 钟宏武、叶柳红、张蒽：《中资企业海外社会责任研究报告（2016—2017）》，社会科学文献出版社2017年版。

经营管理，另一方面也反映了中资企业未能建立有效全面的海外社会责任管理和信息披露机制，信息披露不及时、不主动，与利益相关方缺乏及时有效的沟通。

中央企业、其他国有企业和民营企业三类中资企业社会责任发展指数存在一定程度的差异性。中央企业在海外开发业务时间更久，经验更加丰富，履行社会责任的意识更强；而民营企业海外社会责任履行情况十分不均衡，只有少数民营企业的海外社会责任表现优秀；其他国有企业的海外社会责任发展水平最低，其中近90%仍未采取任何方式披露社会责任信息。

不同行业的中资企业海外社会责任指数存在较大差异，建筑业、交通运输服务业的海外社会责任发展水平高于其他行业的海外社会责任发展水平，矿业、电力行业、制造业、信息传输和技术服务业发展水平较差，房地产业、混业、其他服务业以及批发贸易业的海外社会责任发展水平最低。

与公众沟通渠道初步建成，发布国别报告成为沟通的有效途径。100家企业中，超半数企业的英文网站设置了社会责任专栏，1/3以上的企业发布了英文版的社会责任报告，并设置了海外社会责任板块；1/10的企业发布了国别报告或全球报告，在三类企业中，中央企业的海外责任沟通处于领先地位。

中资企业在信息披露方面差异性较小，倾向于披露负责任的消费和生产，以及促进目标实现的伙伴关系。中资企业对负责任的消费和生产、促进目标实现的伙伴关系的关注度最高，而对和平、正义与强大机构和水下生物等议题关注度较低。究其原因，海外竞争性较强，中资企业通过负责任的消费和生产、促进目标实现的伙伴关系来降低经营风险，塑造良好的品牌形象。同时也反映了其整体社会责任发展水平较低，责任管理不完善，对于其他议题关注程度不够、履责实践较弱、责任沟通不足。

第二章 中资企业履行社会 责任之市场责任篇

　　市场责任是指企业在从事市场经济活动过程中履行的责任，是与企业业务性质直接相关的责任，因此也被称为本质责任。市场责任体现在服务当地经济，带动产业发展，加速技术转移等方面。通过发展自身业务，回馈当地经济是企业实现经济利益的前提。企业开展的业务通常介入当地产业链中，为产业发展注入新的活力。东道国由于发展需要，对外资企业技术转移有一定要求，将技术推广到东道国，有助于与东道国发展长期合作关系，通过技术转移提高当地自主发展能力，从根本上帮助其摆脱发展瓶颈。

一　服务当地经济

　　企业业务的开展通常为了满足当地经济发展，填补当地经济发展空白或短板。只有与当地经济发展需求结合,企业才能实现其发展战略目标。

非洲国家整体处于工业化前期,经济发展条件落后,经济制度体系不健全,市场不成熟且易受国际环境的影响。此外,政治制度的缺陷使其不能为经济发展提供稳定的社会环境,很大程度上制约了经济发展。这些突出的社会经济发展问题成为非洲崛起道路上的重重障碍。

在经济全球化的背景下,非洲国家积极开展国际合作,寻求开放式自主发展的道路。中非在经济上合作共赢,作为中非合作的"五大支柱"之一,符合非洲国家的发展利益。中资企业在非洲开展的业务是中非双方战略对接的结果,符合互利共赢、共同发展的原则。

中资企业在非洲业务范围十分广泛。根据《中国对外直接投资统计公报》(2016),截至 2016 年,中国在非洲的直接投资存量已达 399 亿美元,其中存量最多的五个行业是建筑、采矿、制造业、金融、科学和技术服务业。值得注意的是,中国在非洲优先发展的不是矿产资源,而是基础设施、人力资源开发。中国的大型基础设施建设项目为非洲国家工业化准备了外部条件。中国的工业项目直接推动当地的工业化进而拉动 GDP 的增长。中资企业不仅为当地经济直接提供产品和服务,而且为经济可持续发展提供了条件。

因此，中国投资推动了非洲的经济增长，中资企业的发展助力非洲的发展。

案例 1：蒙内铁路推动肯尼亚及周边国家经济增长

由中交集团总承包，中国路桥承建的蒙内铁路是肯尼亚近百年来新建的首条铁路，被肯尼亚总统称为"历史性里程碑工程"。该铁路全长 480 公里，合同总金额逾 38 亿美元，于 2014 年 9 月开工，2017 年 5 月 31 日建成通车。肯尼亚总统乌胡鲁·肯雅塔在视察该项目时表示，这是肯尼亚在过去半个多世纪里兴建的最大基建项目，预计将创造数万个就业岗位，促进肯尼亚经济增速从 5.8% 升至 8%。

"蒙内铁路项目的影响超出我们的预期，项目完工之后沿线国家的 GDP 会因此上升 2.5%，也会极大促进旅游业的发展，在内罗毕和蒙巴萨之间的客流量有巨大的提升。"肯尼亚交通与基础建设部长詹姆斯·瓦拉那·马查瑞尔在第九届国际基础设施投资与建设高峰论坛上表达了蒙内铁路对非洲大陆互联互通的影响。

案例 2：中国电建为赞比亚经济发展提供电力支持

中国电建集团自 1999 年进入赞比亚市场以来，充分发挥公司自身业务能力带动国内优质资源出口，全力协助赞比亚政府致力于能源、道路、建筑等基础设施建设。截至 2014 年年底，完工和在建的项目 10 多个，涉及水电站、输电线路、道路和房建等领域。通过工程建设，满足了赞比亚基础设施和能源需求。尤其是在水电站建设方面，赞比亚是一个非常缺电的国家。2014 年，中国电建承建的卡里巴北岸电站扩机项目成功运营，为赞比亚提供 18% 的电力供应，大大提高了赞比亚全国发电量和供应量，在很大程度上缓解了赞比亚的电力能源紧缺状况，为当地其他产业发展提供了能源动力，亦促进了赞比亚人民生活的改善。同时，在赞比亚运营过程中，中国电建通过向当地缴纳税费、吸纳当地员工就业、实施本地化采购等措施，带动当地经济发展，提升当地居民工资收入水平，助力居民生活条件的改善。2014 年，中国电建在赞比亚纳税达 2346.41 万元，项目部为当地社区提供就业岗位达 1808 个，员工本地化比率达 88%。此外，中国电建在赞比亚积极践行责任采购，2014 年承包商通过 ISO9001 的比例为 100%，为供应商和承包商积极提供培训，带动供应商与承包商积极履责，促进共同发展。

二　带动产业发展

中国企业"走出去"至少从两个重要的经济角度

表现出了强大的产业带动效应和潜能，即对相关产业的带动作用和对进出口的带动作用。

非洲产业基础薄弱，基础设施落后，区域经济一体化进程滞后，这些客观条件制约了产业发展。在中国"一带一路"倡议精神和非洲各国《2063 年议程》的战略目标的引领下，中非产能合作成为中非经济合作的新趋势。

在非中资企业建立符合中非共同利益诉求的合作模式，利用中非发展差异形成的比较优势开展产能合作，推进非洲工业化进程。共建产业园是中非开展产能合作的集中体现和实现途径。2015 年中非合作论坛约翰内斯堡峰会和"一带一路"倡议的实施提升了中非共建产业园的规模和层级。《中非合作论坛约翰内斯堡峰会宣言》中正式提出了中非积极开展产能对接和产能合作的倡议，并确定了中非产能合作的重点领域。宣言提出了建立工业园、科技园区、经济特区的具体举措，强调在能源、资源、农业和粮食、加工制造业等领域深化资源深加工合作的重要性，决定加强中非之间工业生产领域的合作。

案例 1：中信建设公司协助安哥拉政府建立 KK 新城

安哥拉历经 27 年内战，在此期间，大量避难人口涌入首都罗安达，导致该市人口高达 500 万人，严重饱和。2002 年，安哥拉迎来和平后，恢复重建和人口安置成为当务之急。2005 年，中信建设成功获得安哥拉首都卫星城凯兰巴·凯亚西 2 万套社会住房项目（简称"KK 新城项目"）。

中信建设承建 KK 新城，不仅配合了安哥拉渴望重建国家的愿望，也拉动了当地就业和建材产业发展。中信建设已累计雇用 5.5 万名安哥拉工人参与新城建设。KK 新城一期项目的钢筋用量约 5 万吨、水泥 120 万吨、沙子 220 万吨、石子 230 万吨，中信建设在当地自行投资建立砂石厂、砖厂、铝合金门窗厂、农场等 14 个配套厂站，推动了当地建材行业的发展。

案例 2：中资企业获得首个赞比亚模范外国投资者奖

中国有色集团投资建设的赞比亚中国经济贸易合作区是中国在非洲的第一个境外经贸合作区，也是赞比亚政府设立的第一个多功能经济区。该区用"全天候服务"为中外企业走进当地搭建了平台，形成了以有色金属矿冶为主，加工、机械、建材等产业为辅的产业集群。截至目前，经贸合作区基础设施投资累计超过 1.9 亿美元，已有 63 家企业入驻，吸引投资近 14 亿美元，实际完成投资超过 16 亿美元。2016 年 4 月

21 日，赞中经贸合作区获得赞比亚模范外国投资者奖。

案例 3：国投中成大力扶持农民种植甘蔗，助力摆脱贫困

国投中成马达加斯加西海岸股份有限公司所属昂比卢贝和那马吉亚糖厂，是目前马达加斯加生产设计规模最大的两家农工制糖联合企业。20 世纪 90 年代后期，因缺少维持简单再生产的最低投资，昂比卢贝和那马吉亚的农业生产基础设施受到严重损坏，甘蔗和糖的产量逐年下滑。特别是 2003 年以来，工农业生产几乎陷于完全瘫痪的状态。

自中成接手经营以来，昂比卢贝糖联和那马吉亚糖联大力扶持蔗农种植甘蔗。2016 年，昂比卢贝糖联累计补贴蔗农甘蔗种植款折合人民币 16.2 万元，惠及蔗农 376 户，扶持甘蔗种植面积达 803.95 公顷；那马吉亚糖联扶持蔗农新种植甘蔗 220 公顷，提供柴油 40.4 立方米、复合肥 16.5 吨、甘蔗种 56.3 吨。

扶持蔗农政策的实施有效调动了蔗农种植甘蔗的积极性，促进当地甘蔗种植业的发展，也创造大量的就业机会，对地方经济的发展和市场的繁荣做出不可或缺的贡献。

三　加速技术转移

技术基础薄弱是制约非洲国家发展的主要瓶颈，中国重视对非洲的技术转移工作。中资企业在实施"属地化"战略过程中，一直积极开展对非技术转移，履行附加技术转移条件的合作协议，通过多种途径推进对非技术转移的升级和优化。

技术转移是指技术作为生产要素，通过有偿或无偿的途径，由一国流向他国的活动。技术转移包括技术地点的转移和技术权利的转移两个方面。技术转移可提高转移技术介绍方的技术进步和生产效率，是经济增长的重要因素，是中国经济发展的成功经验，也是推动非洲经济发展的重要途径。

中资企业对非技术转移的领域包括工程施工工法与施工技术、机械设备的操作与养护技术、信息与通信技术、农业生产技术、企业管理技能等。中资企业对非技术转移存在多种形式，包括特许经营、直接投资、货物贸易、服务贸易、技术援助等。实现对非技术转移的具体方法包括技术培训、技术合作、当地管理人员的培养、技术外溢等。

技术转移不仅改善了东道国的技术环境，支持了非洲国家的支柱产业，而且增加了东道国劳动力的收入，提高非洲人民的生活水平。既带动了当地人的自主创业，促进非洲企业家队伍的成长，又帮助非洲发展了新兴产业，加快了非洲的工业化进程。①

案例 1：中国交通建设股份有限公司分享中国技术

肯尼亚蒙内铁路是东非大地第一条现代化标轨铁路，项目线路全长 472 公里，是肯尼亚 2030 年远景规划的旗舰项目。该项目全部采取中国国铁一级标准进行设计施工，与非洲大陆分享更具竞争力的中国标准、中国技术。为了贯彻落实"一带一路"的倡议思想，促进共同发展、实现共同繁荣，真正造福当地民众，蒙内铁路项目部在当地人员培训上下了大功夫，单是对当地技术人员的培训就达到 2 万多人，还专门聘请中国老师为当地培养了 2000 多名运营人才。不仅如此，还帮助肯尼亚建立铁路技术工程学院，捐资 1000 万美元，全额资助 100 名肯尼亚学生来中国学习。该项教育资助活动由肯尼亚政府和中国交通建设股份有限公司共同发起。中国交建将分三批资助总共 100 名肯尼亚学生在北京交通大学进行为期 4 年（全英文授课）或 5 年（中文授课）的铁路相关专业本科教育。这些学生学成后将带着全面知识回到国内，直接参与

---

① "授之以渔：中资企业对非技术转移现状调研"项目组：《中资企业对非技术转移的现状与前瞻》，《西亚非洲》2015 年第 1 期。

到蒙内铁路的运营中，同时也能将知识传授给更多的当地人，让蒙内铁路获得更高的自主程度。

案例 2：持续推行电力项目培训，打造赤几"光明工程"

中国机械设备工程股份有限公司（CMEC）从2006 年进入赤道几内亚共和国电力市场，十多年来先后在首都马拉博和大陆地区承接并执行了大小近 20 个电力项目，这些项目被赤几政府和人民誉为"光明工程"。此外，CMEC 在赤几的耕耘并不仅限于一砖一瓦的硬件建设，还为当地带来了专业的电力培训，让业主方可以了解 CMEC 的设计思路、掌握各种设备仪器的原理、操作、运行和维护。截至 2016 年年底，共有150 名当地学员在项目现场进行系统专业的电力培训。

四　企业案例

企业案例（一）：中国交通建设股份有限公司——"让世界更畅通、让城市更宜居、让生活更美好"

中国交通建设股份有限公司（简称"中国交建"）是全球领先的特大型基础设施综合服务商，主要从事交通基础设施的投资建设运营、装备制造、房地产及城市综合开发等，为客户提供投资融资、咨询规划、设计建造、管理运营的一揽子解决方案和一体化服务。

目前，中国交建是世界最大的港口设计建设公司、世界最大的公路与桥梁设计建设公司、世界最大的疏浚公司、世界最大的集装箱起重机制造公司、世界最大的海上石油钻井平台设计公司；是中国最大的国际工程承包公司、中国最大的设计公司、中国最大的高速公路投资商；并拥有中国最大的民用船队。

中国交建有60多家全资、控股子公司，有作为中国诸多行业先行者的百年老店；有与共和国一同成长壮大的国企骨干；有在改革开放大潮中涌现的现代企业；有推动公司结构调整而成立的后起之秀；有并购而来的国内外先进企业。中国交建从事相关业务已有一百多年的历史，产品和服务遍及全球150多个国家，通过几代员工的持续努力，建设了一大批代表世界、代表时代最高水平的交通基础设施，为客户提供了成熟完备的服务，形成了全球领先的技术体系，形成了"用心浇注您的满意"的服务文化。

中国交建坚持以"让世界更畅通、让城市更宜居、让生活更美好"为愿景，秉承"固基修道、履方致远"的企业使命，坚守"交融天下、建者无疆"的企业精神，正在努力打造成为全球知名工程承包商、城市综合开发运营商、特色房地产商、基础设施综合投资商、海洋重工与港机装备制造集成商，率先建成世界一流企业。

中国交建积极践行"一带一路"倡议，与沿线人民一道分享自身发展经验。截至 2017 年年底，中国交建集团在"一带一路"相关国家和地区累计修建公路10320 公里，已签约及在建的铁路 2980 公里，其中包括埃塞俄比亚首都环城路、埃塞俄比亚 WM 铁路、肯尼亚蒙内铁路等。埃塞俄比亚首都环城路是中国承建国外规模最大、标准最高的公路工程项目，是亚的斯亚贝巴市迈向现代化城市的标志性建筑，被誉为"埃塞俄比亚第一路"。埃塞俄比亚 WM 铁路是中交集团在海外中标的第一个包含完整系统的铁路项目。肯尼亚蒙内铁路则是海外首个采取中国标准设计并成功运营的全产业链铁路项目，蒙内铁路通向非洲大陆的延长线——内马铁路建成后将成为东非铁路网的主干线。道路畅通改变了当地交通闭塞的现状，盘活了当地产业的发展，让当地百姓走上致富之路，打开了联通世界的大门，让所在国焕发全新的发展活力。

蒙内铁路——中国铁路全产业链"走出去"的首次实践

蒙内铁路是肯尼亚百年来修建的首条新铁路，是东非铁路网的咽喉，也是东非次区域互联互通重大项目，更是中国推动非洲"三网一化"的标志性品牌工程。铁路正线全长 472 公里，设计客运时速 120 公里、货运时速 80 公里，全部采用中国国铁一级技术标准和管理标准进行设计施工，是中国铁路全产业链"走出去"的首次实践，是落实中国交建集团"五商中交"战略，实现转型升级发展的标志性项目。

蒙内铁路通车后，蒙巴萨到内罗毕的时间从 10 小时以上缩短为 4 小时，带动肯尼亚国家 GDP 增长 1%，物流成本降低 40% 左右，为肯尼亚提供更快捷、更安全、更可靠的现代化客货运输服务。2017 年 5 月 31 日，蒙内铁路首班客运列车发车，标志着蒙内铁路正式建成通车，截至 2017 年 12 月 31 日，蒙内铁路已安全运营 214 天，日均发送旅客 2839 人次，平均上座率达 94%。

港口兴则贸易兴，港口强则经济强。港口是一个国家对外贸易的主要窗口，是综合国力的重要体现，是支撑开放发展的重要基础。作为国内基建行业翘楚，中国交建集团在海港及空港建设技术上都已实现系统性领先，承建的港口遍布海上丝绸之路。中国交建集团掌握了大型、超大型专业化码头建设能力和成套技术、大型深水航道建设成套技术，大型、高效港口机械装备核心技术。近年来，中国交建集团开始在国外以全产业链模式建设机场，逐步成为中国空港建设的重点企业。

中国交建集团积极践行"一带一路"倡议，通过海港和空港投资建设帮助"一带一路"相关国家和地区打开门户，截至 2017 年年底，中交集团在"一带一路"相关国家和地区累计建设机场 10 座，修建深水泊位 95 个，提供集装箱桥吊 754 台，重要的港口建设 10 余个。其中包括：苏丹港、毛里塔尼亚友谊港、科特迪瓦阿比让港、南苏丹朱巴国际机场等。中国交建集团帮助苏丹港建设了多个大规模的集装箱码头，可以进出 10 万吨级的货轮，还建成了石油和成品油码头，成为红海海上具有较强硬件优势的海运港口之一。毛里塔尼亚友谊港是中国援助非洲的第二大工程，历时十五年，于 1986 年完工，目前已建成一座年吞吐量 90 万吨的深水港。科特迪瓦阿比让港口扩建项目工程于 2015 年 10 月开工，是科特迪瓦目前最大的港口建设项目，建成后，阿比让港将成为西非第一大港。一座座港口的修建，承载了一个国家发展的希望；一座座港口的竣工，打开了贸易往来的大门，极大地促进了当地经济发展。

南苏丹朱巴国际机场项目——中国交建集团创造的工程奇迹

朱巴机场是南苏丹唯一的国际机场，始建于 20 世纪 60 年代，多年来，跑道路面出现车辙和裂缝，整个机场亟须改造升级。2014 年 3 月，由中国交建集团承建的南苏丹朱巴国际机场改扩建一期工程正式开工，历时三年，于 2017 年 3 月正式完工，并实现了整体移交，全新亮相的朱巴国际机场跑道长度由原来的 2.4 公里延长至 3.1 公里，最大起降机型由波音 737 升级为波音 767，实现 24 小时通航。这个非洲大陆上第一个完全采用"中国标准"建设的机场项目，承载着世界上最年轻国家经济起步的希望，这也是中国交建集团创造的伟大奇迹。

以"特区新区、先行先试"的发展模式打开对外开放的窗口，这是中国发展的一个宝贵经验，也为"一带一路"相关国家和地区提供了城镇化发展的"中国方案"。近年来，中国企业积极分享"经济特区"模式的发展经验，探索帮助其他国家建设境外产业集聚区、经贸合作区、工业园区等。

在响应"一带一路"倡议过程中，中国交建集团在沿线国家推进的境外工业园区建设的项目超过 20 个，有些已经初步形成规模。科伦坡港口城项目，将为科伦坡再造一个全新的中央商务区、为当地民众提供稳定的就业岗位，对斯里兰卡的经济、民生发展带来巨大推动作用；巴基斯坦瓜达尔港自贸区一期 25 公顷已正式开工建设并已完成招商；中国交建集团埃塞俄比亚建材家居工业园一期开发 1 平方公里，通过投资建设瓷砖厂以带动园区招商引资。中国交建集团通过建设一批新城新区产业园工业区，带动投资就业置业，实现所在国生活发展水平整体提升，用中国力量为所在国城市发展注入了科技、美丽和幸福。

埃塞俄比亚工业园——打造东非建材基地和装配式建筑制造中心

埃塞俄比亚是"21世纪海上丝绸之路"的重要节点国家。2014年5月，中国总理李克强访问埃塞俄比亚，提出支持埃塞俄比亚建设工业园区，并表示愿毫无保留地同埃塞俄比亚分享经验，向埃塞俄比亚转移适合当地需要的优势产业和技术，拓展制造业、轻工业等产业合作。为落实李克强总理的相关部署，推动中国优势产能参与国际产能合作，中国交建产业投资控股有限公司在埃塞俄比亚主导投资了中交Arerti建材工业园。

中交Arerti建材工业园位于亚的斯亚贝巴东南部约106公里处，由中交集团设计与建造，是埃塞俄比亚政府建造非洲之角制造中心的工业园之一。根据埃塞俄比亚政府的总体规划，工业园区未来总面积将会达到20—25平方公里，发展建材类和家居类产业，将打造成东非地区的建材制造基地，成为埃塞俄比亚唯一一个建材工业园区。

中交Arerti建材工业园的建设预计将带来约3亿美元的直接投资，通过产业的集聚和发展，一方面为埃塞俄比亚经济发展注入动力，另一方面也将给当地居民带来大量的就业机会，每平方公里园区创造2000余个就业岗位，将有效带动当地居民财富的增长和生活水平的提高。

企业案例（二）：国家开发投资集团有限公司——"和谐为本，创造财富，科学发展"

国家开发投资集团有限公司（简称"国投"）成立于1995年5月5日，是中央直接管理的国有重要骨干企业，是中央企业中唯一的投资控股公司，是首批国有资本投资公司改革试点单位。

20世纪50年代，中国成套设备进出口集团有限公司已经走出国门，对外组织实施了坦赞铁路等多个援外项目和国际承包工程项目，积极探索国际化经营之道，为国投国际化经营打下了良好的基础。2013年"一带一路"倡议提出后，国投进一步加快"走出去"步伐，秉承"诚信、共赢"理念与"共商共建共享"原则，充分发挥自身投融资优势和产业优势，推进同有关国家和地区在多领域的紧密合作，实现互利共赢。国投结合世界经济发展趋势，深入贯彻"一带一路"倡议、"中国制造2025"等国家战略，依托自身业务发展需求和优势，明确国际业务发展领域，重点推进境外直接投资、国际工程承包、国际贸易等国际业务，提高公司国际化水平，努力将国投打造成具有全球竞争力的世界一流资本投资公司。

　　国投在国际化运营过程中，以推进自身业务发展助力当地经济社会发展为己任，坚持"投资一方、开发一方、发展一方、造福一方"的理念，通过为当地提供能源、依法缴纳税费、带动当地产业发展、本地化采购、创造就业机会、技术转移等方式，助推当地战略性经济发展，增加当地财政收入，提升社会发展水平。

以"中国速度"建设糖厂，为埃塞俄比亚人民创造"甜蜜"生活

　　埃塞俄比亚有着"东非水塔"之称，具有得天独厚的自然优势，农作物资源丰富。在埃塞俄比亚南方欧姆河谷地区，雨季如约而至，河谷两岸大片大片的甘蔗苗在雨水的滋润下迅速成长。但因工业化水平较低，甘蔗无法转化为食糖，甘蔗的价值没有得到最大限度发挥。然而作为埃塞俄比亚人民生活不可或缺的重要消费品，食糖是关系国计民生的战略物资，制糖工业在国民经济中占有重要地位。埃塞俄比亚每年食糖需求量约 45 万吨，但是该国食糖生产总量为 30 万吨，每年存在约 15 万吨的缺口，需要用外汇从国外进口大量食糖。

　　2013 年起，中成集团为埃塞俄比亚糖业公司总承包建设肯色、OMO2、OMO3 三个糖厂项目。肯色糖厂已于 2015 年 10 月正式生产运营，并于 2017 年 6 月全部通过测试，整体移交业主方正式运营。肯色糖厂项目建设创造了埃塞俄比亚糖厂项目建设速度最快的纪录，被业主誉为"中国速度"，获得埃塞俄比亚国家政府部门、糖业公司、当地政府及周边部落居民的高度赞誉。OMO2、OMO3糖厂项目位于欧姆河谷，正在建设中。肯色糖厂投入运营后，一期项目每年加工甘蔗120万吨，产糖13万吨；二期项目每年加工200万吨甘蔗，产糖21万吨。OMO2和OMO3糖厂均为日榨甘蔗1.2万吨的项目，待OMO2、OMO3糖厂建设并投入运营后，将大大缓解埃塞俄比亚食糖短缺问题，还可以通过出口赚取外汇。

糖厂建设期间中成集团坚持属地化协作、共同发展、共同建设原则，有效带动当地产业链发展，提升当地经济发展水平。肯色糖厂项目建设选择当地供应商和施工公司，促进当地企业发展。肯色糖厂项目是埃塞俄比亚建设农业基础、提高工业化水平，加快流通领域建设，加速经济发展的最佳产业之一，不仅促进了当地基础农业的发展，而且提高了当地工业装备水平，同时还激活了区域商业流通，既解决了电力资源不足问题，又能利用副产品生产高附加值产品。

糖厂的建设不仅带动当地大量员工就业，提升工作技能，增加收入，同时改善周边居民和部落民族的居住环境和生活质量。经过近四年的建设与运营，肯色糖厂周边环境发生了巨大变化：从一个散落居住几十人的小村落发展成为几百人聚居、具有相当规模及社会职能的小镇，配套设施完备。同样的改变也在OMO2、OMO3糖厂项目周边悄然发生着。

贸易助力中非棉花产业发展，改善当地居民生活质量

棉花作为中非经济支柱产业之一，1972年曾达到年产6万吨皮棉的历史峰值，但由于多种因素，产量逐年下滑。购买全球的商品并服务于全世界，是国投贸易的发展方向。国投贸易与中非政府决定围绕棉花产业开展长期合作以来，在扶持种植、恢复并提升中非棉花加工产业及开展棉花贸易合作等多个领域，取得了明显成效，获得了当地政府和人民的高度认可。

2011年7月，国投贸易与中非政府签署了包括棉花领域在内的合作备忘录和贸易投资协议。一年后，国投贸易在中非棉花的主要产区——博桑戈阿投建了棉花轧花厂，该厂设计产能达3万吨皮棉每年，可加工棉籽7.5万吨。同时，国投贸易还为当地棉农提供生产资料、种植技术和田间管理等方面的支持，已进口7000吨皮棉。国投贸易在中非投资建设的轧花厂，有效促进中非棉花加工产业的快速提升，造福于中非人民。据统计，国投贸易已经帮助10万中非棉农解决了就业和收入问题。

第三章　中资企业履行社会
责任之社会责任篇

　　当地社会是企业境外经济活动的重要利益相关方之一。当地社会既为企业提供劳动力和市场，又构成了企业的外部投资环境。因此如何处理好企业与社会的关系是企业扎根当地社会实现长期发展的关键。本章对当地社区公众与企业互动的渠道、方式、平台进行归纳，从雇用当地员工、保障生产安全、践行公益事业三方面，结合具体案例说明在非中资企业在回馈社会方面做出的努力。

一　雇用当地员工

　　员工的勤奋努力、聪明才智与精诚合作是境外机构、项目业务顺利开展的关键，也是企业成功的动力源泉。在非中资企业努力尊重当地文化，遵守所在国

（地区）的用工政策、劳动法规及国际劳工公约，保障员工权益，搭建员工成长平台，关心员工生活，实现当地员工与企业的共同发展。

中资企业应从以下几个方面认识雇用当地员工的必要性。（1）满足所在国法律法规的要求。为保护本国国民就业，境外机构、项目所在国（地区）普遍制定了限制外籍劳工进入的法律法规，有些明确规定了当地员工的最低数量要求，并通过实施劳务许可、控制工作签证、限制居留期限等一系列措施控制外籍人员。（2）提升在当地影响力，促进和谐关系。通过当地员工，企业的先进技术和成功经验可以快速本土化，从而提升在当地的影响力，有助于长期开拓当地市场。大量使用当地员工，一方面解决了当地富余劳动力的就业问题，为当地培养了人才，推动了当地民族工业的发展；另一方面由于这些当地员工的家离作业现场近、适应本地环境能力强等特点，经过生产实践的锻炼，操作技能不断提高，很快成为现场作业的生力军。培养了大批专业人才，为所在国（地区）国家工业的发展做出了积极贡献，不仅赢得了当地对企业的尊重与认可，而且提升了企业在当地的影响力。（3）发挥本土优势，减少沟通障碍。由于中方外派人员的外语水平相对较差，且对当地文化习俗不是很了解，容易造成与当地政府、社区、人员的沟通障碍和决策失误。而当地员工十分了解本地文化风俗和行为习惯，如果由当地人担任一些与当地接触频繁的职位，由他们来负责处理当地关系和当地事务，则能取得比我方人员更好的效果。同时，当地人员信息渠道广、速度快，能够及时获得相关安全信息，从而为项目顺利实施提供保障。（4）降低人工成本。一般来说，实施人员本土化可以有效降低使用中方人员而发生的工资、福利、补贴和国际差旅费等人工成本。尽管不同国家、不同层次员工的成本差异很大，但总体来看，本地人员的人工成本要低于中方外派人员。另外，中方人员不可能永远在一个国家（地区）或在一个项目工作，一旦离开工作岗位，如仍用中方人员来替代，则需要一个较长的适应过程，而使用本地人员则不会发生这种隐性成本。当地雇员管理作为人力资源规划的重要方面，应得到企业的关注和重视，企业通过制定一整套的当地雇员管理使用办法，对雇员的招聘、录用、警告、辞退、薪酬管理等方面严格依据当地劳动法，完善若干管理办法和操作流程，确保在当地合法合规地使用雇员。这样既满足项目施工对各类雇员的需求，又有效地避免了各种务工和劳资纠纷。

在非中资企业在处理与当地员工关系，保障当地员工利益方面主要有以下几个工作重点：努力实现用工当地化；充分重视 HSSE 管理①，为当地员工进行安全培训，提供安全、舒适的工作环境；为员工提供公平和有竞争性的福利待遇，激发员工工作热情；为当地员工提供技能培训教育，提升员工的工作能力和上升空间；禁止一切就业歧视，为身体不便的员工提供必要的便利设施；建立通畅的内部沟通渠道，避免劳资纠纷；做好跨文化管理，培养员工的归属感和自豪感；为员工及家属购买医疗保险等。

员工是企业最为宝贵的财富，关心员工的安全健康，关注员工的切身权益，关爱员工的生活成长，不断改善员工的工作生活条件，为员工搭建施展才华、成长发展的广阔平台，最大限度地将项目发展成果惠及全体员工，促进企业和员工的共同发展。

海外企业应重视员工职业健康管理，注重保障员工的职业健康，切实做好职业危害因素监测、员工职业健康监护、劳动防护用品配备，职业健康教育与培训等工作。规定建设项目中职业病防护设施必须与主体工程同时设计、同时施工、同时投入生产和使用。配备职业健康管理人员并定期对其进行能力提升培训。建立员工职业健康监护档案，定期组织健康体检，对发现异常的人员及时安排复查、调岗、提请职业病诊

---

① HSSE 管理体系指的是健康（Health）、安全（Safety）、安保（Security）和环境（Environment）四位一体的管理体系。

断、医学治疗等。开展员工健康防护知识培训，不定期介绍健康卫生知识。同时，将员工心理健康作为职业健康的一项重要内容，举办心理健康知识讲座，开展心理健康培训和心理疏导；建立员工健康档案动态监控员工健康状况。

境外机构、项目在加强职业健康管理、确保员工工作安全的同时，重视员工身心健康，职业生涯塑造和个人职业成长，同时关心员工家庭情况，切实解决当地员工生活中的困难。在大胆使用当地员工的同时，通过组织形式多样、内容丰富的培训活动，建立多层次的员工培训体系，帮助员工尽快适应工作环境、提升工作技能，有效解决员工工作中的疑惑与困难，使越来越多的当地管理、专业技术和技能操作人员站上了更高的发展平台。具体做法有：（1）对员工进行在岗培训。在施工过程中不断加强对当地雇员知识和技能培训，不但提高了员工素质，而且保证了项目施工的优质、安全和高效。（2）认真履行合同中规定的对当地员工的培训义务。安排当地员工在所在国家（地区）、到中国或第三国进行管理和业务培训。（3）在当地开办培训中心。通过建立海外培训中心，为员工操作岗位及资质培训提供平台。（4）为当地优秀员工提供奖学金，资助他们在所在国（地区）、中国或第三国学校完成相关专业的学习。（5）针对境外机构、项目关键岗位的优秀外籍员工每年定期举办外籍骨干员工培训班。

案例 1：中国铁道建筑总公司在尼日利亚寻求建立和谐劳资关系

中铁建尼日利亚公司为中铁建的全资子公司，经营领域涵盖开发莱基自由贸易区、工程承包和商贸物流。在三十多年的发展过程中，中铁建尼日利亚公司秉持本地化经营理念，积极融入当地社会，努力实现"企业可持续发展"和"为当地社区造福"的双赢目标。中铁建尼日利亚公司规定，在每个项目报价中要明确要求当地员工与中国员工的比例大于 10：1；在安排现场施工时，当地员工和中国员工比例不得小于 25：1。截至 2014 年 11 月，尼日利亚企业在当地聘用的各类专业、技术人员已达 1 万人，其中包括高级雇员和女性员工。企业注重对员工进行平等规范的管理，并聘用当地雇员进入高级管理层。随着尼日利亚 6 个航站楼项目的进一步实施，该项目中尼员工比例达到 1：15。在薪酬待遇方面，中铁建尼日利亚公司注重对当地员工的激励作用。例如，凡是在阿布贾地区项目工作、通过自学提升个人技能并坚持为项目服务超过一年的当地员工，人均年工资普遍增长 8% —12%。

案例2：中国石化注重员工本地化，打造本地人才队伍

中国石化在非洲执行的项目涉及尼日利亚、喀麦隆、加蓬、阿尔及利亚、安哥拉等国家。本着无歧视原则，中国石化严格按照"人才国际化、用工本地化"的管理模式，除少数外派的中方管理人员外，主要招聘雇用本地员工，并培养当地人才，打造本地人才队伍。中国石化Addax尼日利亚公司重视本土化人力资源发展战略，积极推动这一变革进程。截至2013年，该公司中尼日利亚本地员工已达到员工总数的93%。Addax尼日利亚公司还间接创造了众多就业机会，包商大部分是尼日利亚人，促进了当地员工数以100%—300%的速度增长。

案例3：国投中成工程建设为当地提供就业机会

国投中成在承建埃塞俄比亚肯色、OMO2、OMO3三个糖厂项目过程中，聘用当地员工，每个项目可带动4000个甘蔗种植工的就业，工厂可解决1000个技术工人的就业，共可解决1.5万人就业，这一方面能加快项目建设速度，另一方面又能增加当地居民收入，带动区域经济发展。如，肯色糖厂项目在营区安全管理方面，聘请当地部族长老负责安全保卫、协调当地一些疑难问题解决；聘请当地人员负责项目安全保卫、

清洁卫生、餐饮服务；在土建施工建设和安装阶段，雇用当地工人参与施工建设等。

二 保障生产安全

海外项目通常风险高，任何一项设备隐患、制度缺陷、工作疏忽，都可能导致安全事故发生。在这种环境下，高度重视生产安全风险管理有重大意义，中资企业定期评估安全风险，落实风险治理岗位责任，并开展风险管理培训，强化重大安全风险管控与安全风险识别工作，健全风险管控配套措施，完善过程安全管理规范等制度，努力实现多元共治的安全监管体系。

坚持以人为本，以实现人的价值、保护人的生命安全与健康为出发点，是做好安全工作的理念保障。不断强化安全理念，严格按照国际惯例，把 HSSE 标准（健康、安全、安保与环境）落实到每个施工环节，营造安全文化氛围，在拓展海外市场的同时，促进安全发展，做到施工一方、造福一方。严格遵守《安全生产法》等法律法规的要求，坚守"发展决不能以牺牲安全为代价"的红线。秉持"生命至上、安全发展；预防为主、综合治理"的安全理念，建立涵盖安全责任、安全行为、安全培训、风险管控和隐患治理、作业环节、职业健康等全方位的安全管理制度。按照"全员、全过程、全方位、全天候"的原则，建立应急管理指挥体系，制定安全指标考核体系。加强重大安全风险识别防控以及安全隐患评估和管理，强化员工安全意识教育，尽最大努力避免各类事故的发生，保障员工人身安全和生产安全。

案例 1：中国石化，对不安全行为说"不"

中国石化建立了一套覆盖生产经营全过程的 HSSE 管理体系，追求最大限度地不发生事故、不损害人身健康、不破坏环境。同时结合实际持续完善体系，根据非洲的市场要求，非洲各子公司分级修订完善公司总部、各区块、基层施工队三级应急处置预案，形成了统一指挥、反应迅速、协调有序、运转高效的境外安全管理机制。

"安全不是一个人的事，如果我出了问题，我的家人和朋友都会受损失！"在一次安全会上，乌干达中国石化 Rig26 作业队外籍雇员 Norman Ainomogisha 将自己的安全爱心卡读给其他员工听。

员工填写安全爱心卡是 Rig26 作业队安全生产的特色活动。该队让每位员工制作一张精美的安全爱心卡，并留一周时间，让他们先思考再填写。填写卡片的过程也是自我反思与安全意识增强的过程。

"在日常施工中，我们用得最多的是'阻止卡'（stop card）"。安全官万园说，现场人员无论谁发现不安全因素或不安全操作行为，都有权立即制止，并向作业者讲明正确的操作程序，然后将问题和解决方案记录在卡片上。安全官每天将这些卡片收集起来，并在次日早会上组织大家学习。他们每周选一张最有价值的阻止卡，赠送填写人一件印有中原油田图案的T恤衫以示鼓励。开工至今，Rig26工作队已经收集到500余张阻止卡。

案例2：中国电建："安全是每个员工的责任"

中国电建严格遵守赞比亚关于安全生产的法律法规，通过建立安全生产管理体系、保障安全投入、实施过程安全控制与安全风险控制、开展安全培训等保障企业与员工安全。

正如伊泰兹项目部安全专员约翰所说："在公司我们有一个口号是'安全是每个员工的责任'，中国电建招聘了新员工后，我负责对他们进行入职安全培训，这样新员工就可以理解要在工地做什么。新员工入职培训结束后，我会给他们发个人劳保用品，包括安全帽、工作服和安全鞋等。在新员工的日常工作中，我会进行跟进，告知各个工区要注意的问题，比如，我会告诉电气工区的员工要提防触电危险，安装工区强调开动机器的注意事项。在每天开工之前，我要对员工做安全教育，每天早晨都做。我们必须保护他们，那样他们就不会出事，这是我的工作职责。另外为应对突发情况，我们遵守赞比亚法律，在项目上配置急救员，还有负责送伤者、重病者去医院的车辆。这既是赞比亚政府的要求，也是公司一直强调的。"

三　践行公益事业

社区是当地社会的基本组织单位，也是企业在海外发展业务的重要依托。参与支持社区建设与发展，是企业回馈当地社会的有效方式和渠道。通过设立公益基金、捐资当地基金会等方式，中资企业积极参与非洲当地公益事业，支持当地社区建设，改善当地社区服务。

支持当地社区建设主要包括：雇用社区人员，提供就业机会，增加家庭收入；参与社区建设，帮助社区打水井，铺设电力线路，兴修道路等；提供社区服务，为社区捐建医院、提供医疗器械及药品，关注社区教育事业，捐建学校、图书馆，捐助学习用品、教学设备和运动设施，提供奖学金等，给予社区内的老人、孩子、残疾人等弱势群体适当关爱，定期组织探望等。针对项目所在地医疗卫生条件落后、居民居住地距离中心城镇较远等情况，境外机构、项目积极帮助当地社区修建医院，并提供药品及医疗设备。关注项目所在地的文化教育事业，帮助改善教育条件，如积极捐建学校、捐赠学习用品、运动设施及教学设备等。同时支持当地幼儿园、中小学和大学教育事业发展，实行奖学金资助计划，开展职业技术培训。

企业参与当地社区建设，将项目实施和社区发展结合起来，让当地社区感受到他们也是项目实施的参与方，而不仅仅是旁观者。中国企业在国际化经营的过程中，积极参与改善当地社区民生的基础设施项目建设，有效推动当地社区发展和民生改善。

案例 1：“中国石化 Addax 公益基金会”在非洲

“中国石化 Addax 公益基金会”采用国际先进的公益基金管理模式，专注于非洲和中东落后地区的健康、教育和环境公益活动。2012 年，基金会开展了 18 个公益项目，惠及喀麦隆、赞比亚、乌干达、摩洛哥、多哥、尼日利亚等 15 个非洲国家。

针对加蓬当地社区医疗卫生体系尚不健全，缺乏足够基础设施、合格医务人员和高效药品采购系统的情况，公司在加蓬改造了 7 个村庄的水利基础设施，1 所医学中心，并广泛进行预防艾滋病和疟疾的宣传活动，在当地分发具有防疟功能的蚊帐和药物，促进对流行疾病的预防、早期诊断和治疗。2012 年 Addax 公司赞助了加蓬著名的国际自行车赛事——米萨·邦戈国际自行车赛，在装备、训练等方面为加蓬国家自行车队提供赞助。

在尼日利亚，Addax 公司近三年来，完成了 Ezorsu 等 5 所学校的建设和设施配套，数百人次完成了包括电器、计算机、机械、服装等多个行业的技能培训，完成了 Ugbele 等数个给水、医院及道路基础设施建设项目。

在喀麦隆，Addax 公司重点投资工业类院校，为弱势儿童提供更多平等受教育的机会。2012 年，对杜阿拉工程学院实验室进行了升级改造，并将陆续为其他院校师生提供实践机会，计划在三年内满足 600 名学生的教育需求。

案例 2：中国石油向苏丹提供人道主义援助

2007 年七八月间，苏丹部分地区遭遇六十年一遇的洪灾。中石油在自身业务受到重大损失的同时，坚持履行社会责任，迅速向苏丹受灾地区群众提供了总价值 8 万多美元的救灾物品；中苏合资的喀土穆化工有限公司紧急生产制作了 3 万条标准编织袋，捐献给灾区用于抗洪。

2007 年 8 月 23 日，当中国石油集团慰问灾区代表经过近 1000 公里的跋涉到达受灾的阿赫托尼村时，上百名村民围绕在 3 辆装有 20 多吨救灾物资的货车四周，双手打着节拍，口中呼喊着"中国石油，萨迪哥（兄弟）"，表达对公司的谢意。

2008 年雨季来临之前，中国石油集团又提前捐赠编织袋 5000 条，帮助当地居民备战洪水；喀土穆炼油厂向苏丹当地遭受洪涝灾害的居民、苏丹南部难民、喀土穆炼油厂附近居民、保安、警察和军队提供了超过 20 万美元的款项和物资救助。

2009 年 6 月 1 日，中国石油集团捐助了 20 万苏丹镑，用于苏丹达尔富尔难民营基础设施建设。在 6 区项目，中石油与合作伙伴向达尔富尔地区提供了 50 万美元的人道主义援助。

案例 3：华为关爱加纳新生儿健康

作为非洲西部的一个欠发达国家，加纳的婴儿死亡率为 5.23‰，高于世界平均水平，而北部地区由于历史和地理原因，与南部沿海地区存在着较大的发展差距，严重缺乏医疗人才和设备。为了改善加纳北部居民的医疗条件，特别是为患病的初生婴儿提供一个良好的护理环境，华为与 MTN 加纳基金会合作，共同为北部地区最大的 Tamale 教学医院捐赠一个初生婴儿重症护理中心。该护理中心配备有 40 张病床、资源中心、会议室、药房、抢救台、培养箱和麻醉机、呼吸机等较为先进的医疗设备，为加纳北部地区患病的新生婴儿提供了一个良好的救护环境，帮助该地区降低新生婴儿死亡率，同时也为当地的发展研究大学医学院学生提供培训场所。

四　企业案例

企业案例（一）：中国石油天然气股份有限公司——"互利双赢、共同发展"

中国石油天然气股份有限公司（简称"中国石油"）是中国油气行业占主导地位的最大的油气生产和销售商，是中国销售收入最大的公司之一，也是世界最大的石油公司之一。中国石油致力于发展成为具有较强竞争力的国际能源公司，成为全球石油石化产品重要的生产和销售商之一。

苏丹是非洲最早与中国建交的国家之一。20 世纪80 年代中苏两国开展互惠互利合作以来，石油合作逐渐成为中苏经贸合作的主要推动力量。1995 年，苏丹总统巴希尔访问中国，推动了中国石油公司参与苏丹石油的开发建设。中国石油集团亲历了苏丹石油工业发展的整个历程，与苏丹同行及其他合作伙伴共同建起了技术先进、产业链完整、规模配套的苏丹一体化现代石油工业体系；目睹了苏丹石油工业的建立和发展给苏丹国民经济和百姓生活带来的巨大变化。在中苏石油合作中，中国石油集团始终坚持"互利双赢、共同发展"的合作理念。

在苏丹石油工业体系的勘探开发、管道运输、炼油化工、工程建设以及工程技术服务等多个领域，中国石油实现了高标准、高质量和高效率运行，得到了苏丹政府和合作伙伴的高度评价与认可。负责任地开展生产运营，以石油合作促进经济、环境和社会三者的协调发展，是中国石油不懈努力的目标和方向。

中国石油集团在苏丹业务的快速发展源于全体中苏员工的勤奋努力、聪明才智与精诚合作。中国石油不断拓展就业机会，积极推进员工苏丹化；通过业务发展，带动苏丹各类石油人才培养；注重员工健康与安全，努力改善员工工作和生活条件。珍视多元文化背景下凝结的员工友谊，努力建设和谐的团队和企业文化。

中国石油集团在苏丹始终坚持以人为本，严格遵守东道国与劳动用工的法律法规，遵守相关国际公约和惯例，尊重和维护员工的各项合法权益。奉行平等、非歧视的用工政策，公平公正地对待不同性别、国籍、种族、宗教信仰和文化背景的员工，尊重苏丹员工的文化、传统和风俗习惯，严禁和抵制任何形式的雇用童工或强制劳动。珍视员工的生命、健康与安全。积极推进员工苏丹化和多元文化的融合，努力将企业发展的成果与员工分享，构建和谐的劳动关系。

中国石油集团倡导尊重、开放、兼容的跨国企业文化，并致力于通过促进多元文化的融合，使具有不同文化背景的员工能够彼此理解和信任，相互欣赏和学习，取长补短、优势互补，不断提升员工队伍的凝聚力和创造力。尊重苏丹员工的风俗习惯和宗教信仰，努力创建多种交流平台，逐步消除员工间的语言障碍和文化隔阂，促进多元文化背景下的员工和谐共融。在饮食、婚庆、节日等方面遵循苏丹员工传统习俗，在有条件的作业区为苏丹员工提供宗教活动场所。每逢苏丹和中国重要国家和民族节日，都组织隆重的庆典和联欢会，让中外员工们在一起欢度，感受彼此的文化，增进沟通和了解。

2009 年 7 月，中国石油工程建设苏丹分公司与苏丹劳工部职业教育和学徒管理委员会签署合作备忘录。根据合作备忘录，工程建设公司将按照用工计划向该委员会所属 14 家职业培训学校的焊工、电工、土建、安装等专业优秀毕业生提供校外实习机会。通过面试的毕业生将进入工程建设苏丹分公司当地化试点单位进行实习并接受"师带徒"和"讲练结合"模式的培训，实习培训期满考核合格者可与用工单位签订正式劳动合同。

通过两个多月的师徒传授和现场实践，首批 30 名苏丹实习生的培训工作取得了显著的成效。受到这种因地制宜的培训工作良好效果的鼓舞，中国石油工程建设苏丹分公司计划在未来两年内，通过培养当地操作工人，组建两支以当地员工为主的石油工程施工队伍，加快人力资源苏丹化步伐，造福当地社会，造福苏丹人民。

中国石油集团在苏丹的发展离不开当地各方的支持和帮助，秉承"奉献能源、创造和谐"的企业宗旨，致力于在促进苏丹石油工业和企业自身可持续发展的同时，为当地社区发展和进步做出应有的贡献。截至 2009 年年底，公司通过所属企业在苏丹的项目单位、中国石油集团与合作伙伴成立的联合作业公司等向苏丹当地慈善事业团体及油区周边社区捐资近 5000 万美元，为苏丹人民建医院、盖学校、打水井、铺道路，直接受益人数超过 200 万人。

中国石油集团关注并采取多种方式参与推动当地教育事业发展。中国石油集团独自或通过联合作业公司为油区附近的村寨和部落捐建学校并改善教学条件，累计捐建学校 35 所，为 7 万多名适龄儿童提供上学机会。2000 年，刚刚建成的喀土穆炼油厂捐资 70 万美元建成了喀土穆炼油厂友谊学校。

中国石油集团积极资助苏丹高校和研究机构的发展。2004年7月14日，中国石油东方地球物理勘探公司与喀土穆大学联合成立地球物理研发中心，捐资50万美元支持中心学术交流活动。同年，中油测井公司向喀土穆大学捐赠4万美元修建了学术报告厅。2008年5月，中国石油集团捐资70万美元在苏丹南方朱巴大学设立教育和培训基金。2009年8月18日，朱巴大学可容纳60名学生同时上机的电脑中心开工建设。

受特殊地理环境和气候条件影响，苏丹许多地区地表水资源匮乏。多年来，饮水难严重影响着当地居民的正常生活与健康。中国石油集团积极采取各种措施缓解作业区周边居民的饮水问题，先后独自或通过联合作业公司为油区附近的居民打水井160多口，并长年坚持在油区附近设饮水点，供附近居民和过往行人饮用；6区项目公司调用专用罐车为居住在油田巴里拉作业区附近的几百户居民运送生活用水；为油田周边当地社区配置水罐及附属设备；为穆格莱德地区的百姓提供了一台65千瓦的发电机，用于解决他们的吃水难问题；喀土穆炼油厂在尼罗河的净水厂增设了一条输水管线，专门为当地居民免费提供洁净饮用水。

由于气候炎热、医疗卫生条件有限，马来热、疟疾等热带疾病流行。2004年以来，中国石油集团在苏丹相继为油区周边社区捐建了喀土穆炼油厂友谊医院、富拉友谊医院、法鲁济医院和黑格里医院等 4 所医院和 109 个诊所，为医疗机构聘请医生、配发医疗设备，并定期跟踪捐建医院的运行情况，改善当地医疗条件。2008 年中国石油集团向喀土穆肾病血液透析中心提供 5 万美元资助，帮助该机构正常运行；我们在苏丹南部施工作业期间还向油田周边居民赠送药品，并向当地就诊人员多、医疗条件不足的医院捐赠了包括救护车和手术室在内的医疗设备。

中国石油集团通过各种方式支持苏丹慈善事业的发展。2007 年 2 月，中国石油集团与苏丹政府签署捐助苏丹社会福利事业的一揽子协议，捐资 100 万美元设立为期五年的社会福利公益事业基金。该项目将主要服务于喀土穆州的老人、失学儿童和障碍人士。

企业案例（二）：中国电力建设集团有限公司——"干一项工程，富一方百姓"

中国电力建设集团有限公司（以下简称"中国电建"）是经国务院批准，于 2011 年年底在中国水利水电建设集团公司、中国水电工程顾问集团公司和国家电网公司、中国南方电网有限责任公司所属的 14 个省（市、区）电力勘测设计、工程、装备制造企业基础上组建的国有独资公司。

公司是提供集水利电力工程及基础设施投融资、

规划设计、工程施工、装备制造、运营管理于一体的综合性建设集团，主营业务为建筑工程（含勘测、规划、设计和工程承包），电力、水利（水务）及其他资源开发与经营，房地产开发与经营，相关装备制造与租赁。此外，受国家有关部委委托，承担了国家水电、风电、太阳能等清洁能源和新能源的规划、审查等职能。集团电力建设（规划、设计、施工等）能力和业绩位居全球行业第一。

中国电建是服务"一带一路"建设的龙头企业，是全球清洁低碳能源、水资源与环境建设领域的引领者，是全球基础设施互联互通的骨干力量，为海内外客户提供全产业链集成、整体解决方案服务的工程建设投资发展商。

中国电建作为中央企业"走出去"的排头兵，紧紧依托国家"一带一路""互联互通"等重大倡议或战略，积极融入经济全球一体化，充分发挥国际化经营特色和全产业链优势。中国电建在全球100个国家和地区设有驻外机构，海外业务以亚洲、非洲为主，辐射美洲、大洋洲和东欧，形成了以水利、电力建设为核心，涉及公路和轨道交通、市政、房建、水处理等领域综合发展的"大土木、大建筑"多元化市场结构。中国电建依托业务优势，在海外建设了大批民生工程，为世界各国创造了大量的就业机会。

　　在不断扩大对非合作进程中，中国电建将履行社会责任纳入重要议程，既追求经济效益，又注重商业道德，更注重社会和环境的综合效益。公司积极投身当地社会发展、慈善活动，与赞比亚政府、社区公民建立和谐共融关系。

　　中国电建自 1999 年进入赞比亚市场以来，发挥公司自身业务能力带动国内优质资源出口，全力协助赞比亚政府致力于能源、公路、建筑等基础设施建设。截至 2014 年年底，公司在赞比亚完工和在建项目 10 余个，涉及水电站、输电线路、公路、房建和称重站等，为赞比亚的经济社会发展提供了保障和动力。

　　赞比亚有着悠久的历史、丰富的水资源、原生态的自然环境和淳朴热情的人民。中国电建在赞比亚的运营中，主动履行可持续发展和社会责任，本着"干一项工程，富一方百姓"的宗旨，在寻求自身发展的同时，致力于与赞比亚共同发展，创造共享价值。中国电建在赞比亚始终坚持遵守国际公约和商业道德，遵守当地法律法规和风俗习惯；坚持"真诚友好、平等互利、团结合作、共同发展"的原则，投入大量资金，以先进的技术、设备和管理，为当地奉献精品工程；为当地提供大量就业，提升员工职业技能，员工本地化率达 88%，员工培训覆盖率达 100%；遵守环境法规，注重保护当地良好的自然环境；开展海外社会公益，鼓励员工参与社区文化交流，改善社区基础设施，带动当地企业发展，支持当地教育事业。

中国电建在赞比亚遵守当地劳动法，坚持平等雇用原则，与员工签订劳动合同，公平公正地对待不同种族、性别、宗教信仰和文化背景的员工，为员工提供合理的薪酬福利；承诺在项目所在地区禁止雇用童工，抵制各种形式的强制性劳动；通过"传帮带"等方式提高本地员工技术技能，维护员工参与的权利，切实保障本地员工各项权益。

中国电建严格执行赞比亚当地劳动法和最低工资标准，根据当地风土人情及法律规定，制定行之有效的《当地雇员薪酬管理办法》，并及时上调当地雇员工资；在法定假日期间，安排员工放假，并且在重大节假日期间（比如劳动节、独立日、圣诞节）发放过节礼品；与当地政府、议会和法院保持沟通，向当地大法官和地区主席寻求意见和支持，交流当地劳务管理方面的经验。中国电建赞比亚各项目部切实按照赞比亚法律保障女性员工权益，安排女性职工从事管理或轻劳动力岗位。

中国电建重视劳务本地化工作，坚决贯彻"本土化"的劳动用工原则，并投入大量的培训力量提高本地员工技术技能，对员工开展职业发展路径引导。一方面派出国内优秀的工程技术和管理人员，在工作现场加大对当地工人的培训，广泛开展实施了"一帮一"活动，把操作工艺及技术要点教给本地员工，培养本地员工逐渐成长为可以从事驾驶、设备操作、修理、砌石、混凝土等较高技术要求的工作；另一方面，公司逐步完成国内的培训基地和培训师资，从国外优秀的员工中选派人员到国内参加培训，再由这些完成培训的员工组成培训讲师团，返回赞比亚对其他员工进行培训。

中国电建赞比亚各项目部通过举办各种文化和体育活动，丰富员工的业余生活，促进多元文化互通互融、兼容并包。如举办员工运动会、中赞员工体育比赛、共同庆祝节假日；针对生活困难的赞比亚员工，各项目部定期走访发放食品。这些活动增强了员工彼此的信任与默契，让大家感受到了公司国际大家庭的温暖氛围。

根深蒂固的文化价值观直接影响人们的相处和交流，在赞比亚，中国电建在经营活动中重视中非文化的差异：增进社区对公司运营的理解和支持，为公司营造良好的发展氛围；促进社区经济、社会和环境发展，与社区共成长，创造共享价值，为和谐社会贡献力量。

我们的行动：成为全球企业公民是中国电建一直追求的目标。中国电建不断加强社区沟通，尊重赞比亚文化传统；加强社区基础设施援建，推进社区文化、教育、医疗卫生等事业的发展；深入推进本地化运营，常态化开展地区公益活动。

积极践行社区沟通。中国电建重视中非文化差异的客观存在，充分尊重赞比亚的部落文化，认同社区传统和文化特征，公司大力参与和支持社区建设，鼓励员工参与社区文化交流，增进同当地居民的感情。公司定期通过咨询、调研和座谈等形式深入开展社区沟通，挖掘社区居民需求，努力满足居民期待。

基础设施是为社会生产和居民生活提供公共服务的物质工程设施，保证国家或地区社会经济活动正常进行，关系着国计民生。为了改善社区基础设施薄弱制约发展的现状，中国电建为周边百姓修筑道路、平整场地、修复教堂等，让社区百姓获益。

中国电建本着"干好一项工程，造福当地人民"的宗旨，以在建项目为依托，通过实际行动支援赞比亚地区社会和谐发展。对内，公司鼓励员工开展志愿服务，身体力行回馈社会，加强社区融入，将企业利益回报社会；对外，公司通过帮扶弱势群体、抢险救灾、慈善捐赠等方式参与公益，同时积极号召中资企业及各界人士参与社会公益，提高赞比亚人民生活水平。

儿童是国家的未来。中国电建关注当地儿童，在重要节日为儿童送去慰问，关怀其成长。

　　赞比亚是撒哈拉以南非洲地区艾滋病感染率较高的国家之一。数据显示，赞比亚15—49岁人口中，艾滋病病毒感染者比例高达14.3%。每年有数万人因艾滋病死亡，使大量孩子成为孤儿。成千上万的孤儿流浪街头，基本温饱无法得到保障，教育、医疗保障更遥不可及。卢萨卡Kabwata孤儿院成立于1997年，现有长期居住孤儿52人。这里的孩子们有些是由于父母去世、无人照顾，有些因为父母是囚犯，还有一些是其他非洲国家难民的后代。

　　长期以来，中国电建一直密切关注这些孤儿的生活状况，公司与赞比亚大学孔子学院、中国医疗队已连续四年联合举办慰问活动，为孩子们提供周到的基本生活支持和教育援助。2015年5月31日，慰问队伍为孩子们和孤儿院工作人员送去文具、食品等，用热闹精彩的中国传统文化表演祝福孩子们节日快乐，中国医疗队还义务为孤儿院师生进行体检。

　　支持当地教育。教育是崇高的公益事业，学校是培养人才的重要基地。在赞比亚国内，学校基础设施的落后极大地影响了教育水平。近年来，中国电建各项目部对所在地学校给予了充分的外部援助，并担当中赞文化交流的使者，为推进赞比亚教育事业做出贡献。

　　西亚丰加高级中学位于赞比亚南方省西亚丰加地

区，始建于 1995 年。学校原有的教学设施落后，只有一间教室和一间教师宿舍，教学条件十分恶劣，学生们只能选择走读，高年级的学生必须去更远的 Chi-kankata 或者 Monze 的寄宿学校上学，非常不便。

2010 年至 2013 年间，中国电建积极配合当地政府对包括教室、教师住房、学生宿舍、图书馆、多媒体室、会议中心等 50 套建筑群进行扩建。这里地势复杂，工程建设难度大，工人们努力攻克一项项技术难题。为了使学生们在赞比亚炎热的气候下拥有一个舒适的学习环境，公司对屋顶进行了隔热处理，即使外面骄阳似火，教室内依然凉爽。公司还向学校捐献了价值 8 万美元的电脑、桌椅等教学设备。现在的西亚丰加中学在教学设施上堪称国内一流，改建后的学校现有 12 间教室，不仅具有专业的实验室，各类专业课程还配备专门的工具、设施。公司不仅用实际行动造福了这里的千余名师生，还推动了中赞文化的交流，越来越多的当地学生开始学习汉语，中国电建为西亚丰加高中带来了翻天覆地的变化，获得了师生及当地居民的一致好评。

第四章 中资企业履行社会 责任之环境责任篇

环境问题是企业履行社会责任的重要方面，包括绿色生产、污染防治、生态文明等方面。非洲自然环境复杂多样，整体上较为脆弱，这要求在非中资企业通过建立健全能源管理体系和环境管理监控体系，从组织建设和制度建设方面采取举措实现生态环境保护。

一 保障绿色生产

联合国 2030 可持续发展议程呼吁建设可持续的城市和社区、积极应对气候变化、提高能源效率、保护生态环境。全球对安全、水、空气、环境的关注度越来越高。中国提出建立安全高效的现代能源体系，始终把保障人民生命安全作为重要工作开展。中国"十三五"规划提出"加大生态环境保护力度，提高资源利用效率，为人民提供更多优质生态产品"。这对企业如何保障安全生产，保护环境提出了更高要求。为所有人提供水和环境卫生并对其进行可持续管理，确保人人获得负担得起的、可靠和可持续的现代能源，建设包容、安全、有抵御灾害能力和可持续的城市和社区。采用可持续的消费和人类住区生产模式保护和可持续利用海洋和海洋资源以促进可持续发展，采取紧急行动应对气候变化及其影响，保护、恢复和促进可持续利用陆地生态系统，可持续管理森林，防治荒漠化，制止和扭转土地退化，遏制生物多样性的丧失。

联合国 2030 可持续发展议程呼吁提供廉价和清洁能源、促进经济增长、减少腐败。世界经济复苏乏力，新的经济增长点尚未形成。中国经济发展进入了新常态，经济增速、经济发展方式、经济结构都在发生重大变化，新的增长动力正在孕育形成。尽管面临许多困难和挑战，中国经济仍处于大有可为的重要战略机遇期。2016 年，在世界经济疲弱的背景下，中国经济增长 6.7%，处于世界前列。面对低油价和复杂的宏观经济形势，中资企业贯彻落实价值引领、资源统筹的发展战略，聚焦提质增效升级，有力地推进了转方式调结构，为企业发展注入新的发展动力。与此同时，各大企业践行绿色低碳发展战略，积极应对气候变化，统筹节能、减排、降碳一体化管理，大力推进清洁生产，保护环境，构建资源节约型、环境友好型绿色企业。

应对气候变化需要全社会的共同关注和参与。中资企业坚持低碳发展，将降碳工作贯穿于生产经营活动全过程，践行绿色低碳发展战略，严格遵守《环境保护法》以及关于大气、水、土壤污染防治的法律法规和规范性文件，统筹节能、减排、降碳一体化管理，积极应对气候变化，大力推进清洁生产，保护环境，构建资源节约型、环境友好型绿色企业。

案例1：中国有色矿业集团公司积极打造赞比亚绿色循环经济

赞比亚是中国有色重点投资发展的区域之一。中国有色于1998年收购赞比亚谦比希铜矿，进入赞比亚市场。中国有色在赞比亚设立各出资企业时，就考虑到产业链条之间的协同作用，将各企业整合成一个巨大的循环产业链条，以提高效率，减少废物排放量，打造绿色循环经济。中色非洲矿业有限公司和中色卢安夏铜业有限公司产出的铜精矿送至铜冶炼公司进行冶炼，矿山尾矿则成为湿法公司的原料，而矿山废石渣做成建筑材料，用于经贸合作区的建设、卢安夏新项目的建设或销售给当地企业，解决当地建筑材料缺乏的问题。另外，铜冶炼公司与湿法公司共同完成低浓度废酸回收利用项目，实现硫酸厂废酸循环利用，使铜冶炼厂普遍存在的废酸水处理难题得到解决。循环经济的运用在节能减排方面取得了显著成效。例如，2011年公司实现粗铜标煤单耗182.34千克标煤/吨粗铜，领先于国际水平。与此同时，总体生产效率也得到了提高。

案例2：中国石化推进绿色经营，开展清洁生产

中国石化驻加纳施工现场管线穿越过程中使用的泥浆容易对土壤产生污染。针对这一情况，公司在进行穿越作业时，在泥浆池内铺设防渗布，并对作业过程中产生的废液及时进行循环反注和回收处理；对施工现场所用到的发电机、油（漆）桶、危险化学品等容易产生油品、化学品泄漏的设备，都进行了全面的检查并在底层铺设防渗垫，以免泄漏污染土壤；专门与加纳专业垃圾处理公司Zoomlion签订了服务合同，要求该公司每半个月到现场对施工过程中所产生的固体垃圾和液体垃圾及时进行回收，有效避免了因垃圾丢、堆、放而造成土壤及河流污染等情况的发生。

2014年，加纳国家环保署从车辆及交通、水土污染与保护、废料分类回收处理、降尘措施与空气质量监测、危险化学品控制、公共社区关系等多个方面对施工现场环境保护与社会贡献等情况进行了全面检查，中国石化以优异的成绩得到了加纳环保署和业主的高度肯定和赞赏。

二　保护当地环境

海外作业过程中应重视污染防治工作。污染防治力度直接影响企业与当地社会的关系。对当地环境造成污染将严重影响企业海外形象，甚至引起社会矛盾与冲突。中资企业以高标准严格监控其海外作业行为，对大气污染物、固体废弃物、污染水源合理处置，实现回收利用。对可能出现的污染问题进行防范，对已经出现的污染问题及时处理。

在非中资企业高度重视污染防护，在生产施工中采取先进技术手段和多种环保措施，尽可能减少对环境的影响。在施工作业过程中，严格按照 HSSE 系统管理，应用环保技术，积极履行应对气候变化、实现绿色发展的社会责任。其具体做法有：做好环境影响评估；做好施工过程中产生的固体垃圾和液体垃圾的及时回收，避免污染土壤和水体；做好危险化学品的使用和回收工作；建立污水、废气处理站，不直接排放工业废水废气；野外施工时主动保护野外动植物和自然生态；加强作业带附近环境监测，通过清洁生产降低碳排放和可吸入颗粒物排放等。

中资企业通过加强制度管理，修订关于工业节水、废气和固体废物污染防治、环境监测管理和突发环境事件应急等制度，努力实现环境保护的目标。在非中资企业应将可持续发展放在与公司利润同等重要的地位上，承担起绿色环保、可持续发展的责任，实现人与自然和谐相处。把环境保护放在重要位置，遵守所在国环境保护法律法规，严格执行环境许可要求，认真做好垃圾回收、水体保护、作业带恢复和野生动物保护等工作。企业不断加大环保投入，完善环境管理，构建全过程、多层级的环境风险方法体系，提升风险防控能力。

通过改进生产工艺、流程和设备，有效控制污染物排放；通过对"三废"进行回收利用，发展循环经济；通过对不宜回收的"三废"进行无害化处理，努力把对环境的不利影响降到最小。严格执行环境管理体系要求与环境许可要求，认真做好水体保护、垃圾分类回收、作业带修护等工作，推进绿色经营，开展清洁生产，发展循环经济。加强大气污染物防治工作，强化固体废弃物处理处置。

案例1：国投中成达标排放，绿色办公

国投中成集团承建的埃塞俄比亚OMO3糖厂合理布置截、排水系统，厂区有排水沟渠及符合当地环保要求的外排措施，生活污水利用地下管网排入化粪池，厨房污水经过隔油池处理后经地下管网排入化粪池，化粪池水经过降解处理后用于蔬菜的浇灌；营区设置多个市政垃圾回收桶，生活垃圾根据可回收和不可回收分类清理，不可回收垃圾集中进行填埋处理。糖厂为充分体现绿色节能的建筑理念，办公区、娱乐区、生活区照明均采用 LED 节能灯，办公区日间全部采用自然采光，室外道路、运动场等场所照明均采用太阳能灯具。

案例 2：提供绿色能源，保护生态环境

　　阿尔及利亚地处非洲北部，阳光充裕，太阳能资源丰富。2014 年，中国技术进出口总公司与英利组成的联营体成功签订阿尔及利亚总量达 25 兆瓦的光伏电站项目。面对撒哈拉沙漠地区干旱少雨，条件恶劣，地形复杂的环境，中技公司践行尊重自然的思想，按照环境保护基本方针以及环境管理条例，结合现场实际情况，建立健全管理体系，并特别制定施工生态保护措施，在充分识别工程可能出现的环境因素的基础上，实施"绿色生产"。电站项目的建成为当地生产生活提供了清洁绿色的能源，减少附近柴油电厂的二氧化碳排放量 34491.7 吨；同时光伏组件的遮挡降低了沙漠的表面温度，使上升的热气流减弱，增加了周边降雨量，利于沙漠地区植被的生长，有效控制和改善了当地生态环境。

案例3：中国石油在苏丹建设花园式炼油厂

2000年，由中国石油集团和苏丹能矿部共同投资的喀土穆炼油厂投产运行，十多年来喀土穆炼油厂严格实施国际通行的环境保护管理体系。严格控制"三废"排放，将废油、废渣、废液集中到当地政府批准设立的垃圾处理厂进行处理，并安排专业人员监测大气和水环境，保证大气污染、烟尘、噪声等全部达到苏丹国家环保标准。炼油厂建成水污染三级防控体系，配套了酸性水处理装置、含油污水处理厂、化学水中和池、氧化塘、生活污水厂等高标准环保装置及设施，对生产、生活废水分类集中处理，有效保护生态环境。

为改善炼油厂及周边生态环境，炼油厂共植树31万株，在厂区及周边形成了长达29千米的绿化带。两条绿化带环绕贯穿厂区，与氧化塘、水上公园一起，装点成美丽的花园。经过十多年的持续努力，炼油厂及周边生物和动物物种明显增加，沙尘暴天气也有所减少。

为保证安全平稳运营，炼油厂建立了完善的应急管理体系，编制应急预案21项。对应急事故预案采取年度评审和持续改进，对应急物资实施专库储存、专人管理，并定期组织各级安全演练，加强安全消防设备检查维护。

三　维护生态文明

近年来，中国生态文明建设被提到新的战略高度，中国政府明确提出"用严格的法律制度保护生态环境"，相继出台大气、水、土壤等法律法规，并加强环境保护督察。随着政府环保监管力度加大，环保达标、污染排放总量许可管理日趋严格，对环境管理提出了更高要求。中资企业应以生态文明建设思想为指导，秉承"环保优先、预防为主、综合治理、守法诚信、污染问责"的环保原则，坚持节约、清洁、高效、可持续发展方针，统筹节能、减排、降碳一体化管理，突出节能减排增效，大力推进清洁生产，构建资源节约型、环境友好型绿色企业，实现绿色低碳发展战略目标。

2011—2020 年是"联合国生物多样性十年"，保护生物多样性已成为全球共同的行动。在非中资企业应遵守《环境保护法》《生物多样性公约》等关于生物多样性保护的规定，将生物多样性保护纳入建设项目的评估、决策和生产运营中，凡是对环境可能存在影响的建设项目，在项目前期评估、施工期间以及运营过程中评估对生态保护区域、森林、湿地等环境以及动植物的影响，制定减轻或消除影响的措施。在生产施工中采取先进的技术手段和多种环保措施，主动保护动植物和自然生态。注重要求作业区实施生物多样性保护，为海上生物、陆上生物营造健康和谐的生态家园。注重对生态环境的保护，加强识别、分析环境敏感区和环境风险，作业时尽量避开环境脆弱区和生态涵养区；推进清洁生产，降低生产经营应对环境的影响。

案例1：蒙内铁路的动物通道

非洲的野生动物资源丰富，蒙内铁路也采取更加全面的野生动物保护措施。在蒙内铁路第二标段144千米的施工战线上，有120千米需要穿越察沃国家公园。那里是野生动物的天堂，每年的七八月份，东非高原上都会有一次百万野生动物的大迁徙。为了让铁路两侧的动物能够在雨季到来时，随着水草的密集程度实现迁徙，项目部与肯尼亚野生动物保护组织展开合作，研究了察沃公园动物迁徙的路径和生活习惯，在野生动物经常迁徙的地方专门设置了14条动物通道，并设置引导设施，引导动物安全穿过铁路。在这里，大象可以自由地通过涵洞，即使是大高个长颈鹿也能在高6.5米以上的桥梁式动物通道下安全穿过铁路。外交部部长王毅点赞说："长颈鹿穿过可以不低头、不弯腰，那是一幅多么美妙的人与自然和谐相处的景象。"

案例 2：中国电建坚持绿色运营，保护生态与生物多样性

赞比亚是一个非常重视生态与生物保护的国家，"与动物为伴"是赞比亚人民的信仰。中国电建结合自身业务运营特点，致力于保护自然栖息地、湿地、森林、野生动物廊道、农业用地。在施工建设前，做好相关规划，尽量避免占用相关用地；在项目建设中，做好相关保护措施，最大限度降低对周围环境的影响；项目完工过程后，做好生物恢复和治理，尽量做到还原项目所在地的原有生态。

"中国电建在赞比亚的运营是环境友好型的，包括在营地周边种树，对建筑垃圾进行无害处理。中国电建对建筑用地进行种草恢复，所以没有灰尘。这样营造的环境对我们周边的人的健康有好处。"赞比亚居民 Welfred Sakadashapela 如是说。

四　企业案例

企业案例（一）：中国有色矿业集团有限公司——中赞合作，共同发展

中国有色矿业集团有限公司（简称中国有色集

团，英文缩写 CNMC）总部设在北京，成立于 1983
年，是国务院国有资产监督管理委员会直接管理的大
型中央企业。目前，中国有色集团已形成有色金属矿
产资源开发、建筑工程、相关贸易及服务三大主业协
同发展的产业格局，共有控（参）股企业 38 家，各
级境外企业 25 家，是开展境外有色矿业领域投资合
作最早、最多的中国企业。中国有色集团始终坚持走
国际化经营之路，遵循"互利双赢、共同发展"的
合作理念，全力打造具有国际竞争力的世界一流矿业
集团，致力于与项目所在国家的友好合作，实现共同
发展。

截至 2011 年年底，中国有色集团在赞比亚设立了
9 家企业，总投资额超过 20 亿美元，形成了以赞比亚
中国经济贸易合作区为平台的中国最大的境外有色金
属工业基地，是赞比亚最大的中资企业。

中国有色集团扎根赞比亚，立志打造"碧水蓝天
下的绿色企业"，珍惜赞比亚的每一寸土地，不吝投入
高昂的费用，通过调整生产工艺，优化生产布局，开
发与应用新技术、新设备等手段，保护环境，实现资
源效能的最佳化。

构建资源节约型、环境友好型企业，是公司可持
续发展的内在要求。中国有色集团确立了"保护环境、
长期发展"的指导思想，制定《中国有色集团环境保

护管理办法》，建立健全了"预防为主、保护优先、综合治理"环保长效机制，从强化日常的基础管理入手，做好环境管理工作。

依据《赞比亚环境保护和污染控制法》的相关规定，公司安全环保部为环境管理的专门机构，在安全生产委员会和矿山经理的领导下，负责公司的安全、环保工作。公司严格按照赞比亚当地污染物排放指标控制标准，由公司安全环保部聘用有资质的环境官员，做好环境管理工作，努力实现环境保护与企业经济效益和社会形象的统一。2008年起，赞比亚环保委员会成立环境保护基金，要求矿山企业缴纳环保基金，用于支付企业关停后恢复环境的费用。中国有色集团在赞企业积极响应并按时缴纳该项基金。

中国有色集团珍惜有限的自然资源，通过技术创新，最大限度地挖掘矿产中的资源，从采、选、冶各环节不断提高资源综合利用率，以最小的环境代价换取最大的资源价值，创造资源的可持续利用。谦比希铜矿是世界典型的复杂难采矿体，公司采用全新的井下支护方式，全面推广应用后矿石损失率由35.2%—42.1%降低到2011年的34.6%，工程利用率也由95%左右提高到100%，提高了采矿生产效率。开展"谦比希铜矿选矿工艺新技术研究与应用"，打破了"必须细磨才能获得高品位、高回收率"的常规思路，通过不断改进和优化生产工艺，铜精矿品位达到44.56%，铜回收率达到95.88%以上，该项目获2009年中国有色金属工业科技进步二等奖。

循环经济是一种以资源的高效利用和循环利用为核心，以"减量化、再利用、资源化"为原则，以低消耗、低排放、高效率为基本特征，符合可持续发展理念的经济增长模式。中国有色集团在赞比亚设立各出资企业时，就考虑到产业链条之间的协同作用，减少废物排放量，形成巨大的循环产业链条，打造绿色循环经济。

赞比亚的绿色冶炼厂。铜冶炼公司与湿法公司共同完成低浓度污酸回收利用项目，实现硫酸厂废酸循环利用，使铜冶炼厂普遍存在的污酸水处理难题得到很好的解决，并真正实现了循环生产和绿色经济模式。铜冶炼公司在设计之初，即周密制定了环境保护设计工程，力争达到废气、废水、废渣的零排放。建成投产后，以其先进的技术理念、工艺流程，良好的环保设施及循环经济运用，被当地环保官员评价为"赞比亚的绿色冶炼厂"。

铜冶炼公司建立水循环系统，包括熔炼循环水系统、水淬渣循环水系统、氧气站循环水系统、发电间循环水系统、硫酸循环水系统和酸性污水处理站。铜冶炼公司采用先进的富氧顶吹浸没熔池熔炼技术，建设制氧站以提供氧气。公司采用真空变压吸附法制氧工艺，利用分子筛对氧、氮组分吸附能力不同，加压吸附、降压解析的过程达到氧、氮的分离，降低能耗和二氧化碳排放，具有经济、节能、安全的特点。

建造花园式矿山。中国有色集团经营的矿山，到处是连绵的参天大树、如茵的绿草、四季缤纷的鲜花，含着花香的清新空气、鸟雀不时的鸣叫声，在碧空白云之下，谦比希铜矿和卢安夏铜矿不像是正在开采的矿山，更像是美丽的花园。

为打造花园城市，中国有色集团接管矿山不久，便着手履行环境清洁责任，老冶炼厂拆除就是其中之一。老冶炼厂位于卢安夏市西南 3 千米处，于 1999 年关闭，高耸的厂房满目疮痍、残垣断壁。公司拆除废旧厂房，并对原厂区的工业场地进行平整，恢复景观。

穆利亚希尾矿库作为主要尾矿储存设施将服务至卢安夏矿和巴鲁巴矿闭坑。但是，由于资金困难，加坝扩容工程未能实施。2009 至 2011 年年底，中色卢安夏开始了穆利亚希尾矿库的加高加固工程。公司将尾矿库增容工程和穆利亚希露天采矿项目紧密结合，利用露天采矿产生的地表剥离土，对尾矿库进行加高加固，既解决了表土剥离的堆放问题，又满足了加高加固的土方来源。

企业案例（二）：中国中钢集团有限公司——合作、友谊、双赢、发展

中国中钢集团有限公司（简称中钢集团，英文简称 Sinosteel）是国务院国资委监管的中央企业。中钢集团主要从事冶金矿产资源开发与加工，冶金原料、产品贸易与物流，相关工程技术服务与设备制造，是一家为冶金工业提供资源、科技、装备集成服务，集矿产资源、工程装备、科技新材、贸易物流、投资服务于一体的大型跨国企业集团。

经过多年的发展，中钢集团凝聚了强大的前进动力。中钢集团充分发挥已有优势，加快推进经济发展方式转变和经济结构调整，立足企业定位，积极拓展战略性新兴产业，不断增强企业综合实力，着力将中钢集团打造成为以贸易物流业务为基础，以工程科技业务为重点，以资源装备业务为支撑，提升投资服务能力及产融结合深度，并关注产业延伸的拓展，为冶金工业提供资源、科技、装备集成服务的跨国企业集团。

中钢集团在非洲的业务主要包括矿产资源开发、矿产加工、冶炼及贸易。在服务于钢铁工业和钢铁生产企业的过程中，中钢集团始终兼顾利益相关方的利益，持续提升价值创造，不断打造绿色钢铁，坚定推进社会和谐。中钢集团是服务于钢铁工业，为其提供

综合配套、系统集成服务的现代生产性服务企业。中钢在全球化运营的过程中，不仅注重自身产业的资源节约、循环经济和环境保护，而且还为钢铁企业提供环保、节能服务，始终坚持促进经济增长、环境保护和社会进步的协调发展。

中钢在非洲所运营的采矿、冶炼、物流、贸易等业务的特性决定着其运营过程对当地的空气、水资源、土壤和动植物有着潜在影响。政府、环保组织和当地社区都要求企业承担更高标准的环境责任，减少对环境的负面影响。中钢深刻认识到钢铁生产各环节对环境产生的负面影响，认为加强环境保护管理是公司的重要职责，也是公司管理体系的重要组成部分。

有效的环境管理体系是改善环境与实现可持续发展的基本前提，公司鼓励利益相关方的广泛参与，持续改进公司的环境管理，致力于为钢铁工业和相关战略性新兴产业提供绿色服务链。为了减小企业运营对当地环境的负面影响，中钢集团在非企业严格遵守当地法律要求，设定环保目标，建立环护制度，积极推行各项环保措施，在矿区保育、资源节约、环境保护和温室气体排放等方面取得了显著的绩效。

中钢集团在非企业都严格遵守当地的环保法规，实现对环境的"零伤害"。通过提升环保意识，废物回收，环境监测，审计和调查，改善控制措施等方式来防治污染。粉尘是矿业生产过程中的主要污染物之一，为此，中钢集团在非企业所有的生产设备都安装了新式的粉尘吸收系统，集尘室有效性指标保持在当地法定水平以上。

中钢集团针对矿山开发所产生的生态问题，本着"在开发中保护，在保护中开发"的矿山生态保护原则，在矿山建设之前进行必要的生态规划，在施工及生产期间提出切实可行的生态保护措施，在服务期满后提出全面的土地复垦及生态恢复措施，综合整治矿区生态问题。矿区保育作为有效保护生态资源的重要方式，有利于经济、社会、环境的和谐发展。

中钢萨曼可铬业公司建立了专门的保育基金，从年利润中划分固定比例充实基金，确保矿区土地复垦及生态恢复。中钢南非铬业公司依据矿业和能源部的要求建立矿区复原成本估算模型，用于未来矿区复原成本的核算。

矿山排土场生态恢复与重建，是抑制矿山生态环境恶化趋势，恢复土地功能、防止灾害，实现矿产资源开发与环境协调发展的重要手段。中钢集团在非企业一直高度重视矿山排土场的生态保护。

中钢在非企业主要通过内部强化管理，设备改造和引入循环经济来提高能源和资源的利用率。中钢南非铬业公司1号、2号熔炉通过恰当的管理，节约了能源，增加了能源效率并冶炼出更多的铬铁产品。设备改造也显著提高了资源利用率。以熔炉改造为例，通过改进技术，最优化流程可以减少资源、能源的消耗，或者消耗相同的能源产出同量甚至更多的产品。中钢南非铬业公司通过引入封闭式熔炉来替代原有的半封闭或开放熔炉，节约了大量资源。

由于南非缺乏水资源，中钢集团在非企业非常珍惜水资源，首先尽量少用水，其次尽量循环利用水。中钢萨曼可公司的水资源再利用率逐年提升，中钢南非铬业公司通过加强管理和引进新的设备，增加了每年的循环用水量。

第五章 中资企业履行社会责任之责任管理篇

科学、系统的责任战略是企业社会责任管理与实践有序、有效开展的关键保障。中资企业在分析企业经济、社会、环境影响，全面研究利益相关方诉求的基础上，提炼责任理念，制定并不断完善企业社会责任战略，落实制度管理、加强组织管理和信息披露工作。

一 落实制度管理

建立和完善社会责任制度体系，是确保社会责任战略落地、提升社会管理水平的重要途径。在制定或修订企业相关规章制度时，应考虑社会责任因素。制定社会责任管理专项制度，员工手册、文化手册等材料中包含社会责任的议题内容，将社会责任专项制度的建立纳入近期规划中，是完善社会责任制度的常见做法。近年来，虽然社会责任的相关要求在企业规章制度体系中逐步建立并完善，但在社会责任管理制度考核方面仍有提升空间。

提炼具有行业特色和企业特点的社会责任理念或口号，是夯实责任管理、培育责任文化、指导责任实践、塑造责任品牌的有效途径和现实需要。社会责任理念或口号承载了企业的使命、愿景和价值观，确立易识别、易记忆、易传播的理念或口号有助于社会责任各项工作的开展。

制定社会责任战略规划是落实社会责任制度管理的前提条件。企业社会责任战略规划系统梳理企业社会责任工作面临的形势，制定企业社会责任工作的目标，规划社会责任工作的中长期发展路径，明确社会责任工作的具体举措，夯实社会责任工作的保障措施，是社会责任工作最为重要的顶层设计，是战略性企业社会责任的重要体现。重视社会责任工作的战略制定或计划编制，是支撑企业社会责任工作取得显著成绩的重要因素。

案例 1：中钢集团在非社会责任管理体系

中钢集团在非企业对安全、健康、风险、环保、质量和社区进行综合管理，根据综合部门的不同权限，将这个综合体系称之为 SHE、SHEQ，或 SHERQC 管理体系，以保证效率，最优化效果，并快速应对多个领域的新变化。

在日常运营中，中钢集团在非企业都出台了严格的社会责任管理政策，明确各个部门和岗位的责任范畴。为了使责任管理能落实到各个部门、各个岗位，中钢在非企业设计了公司层、部门层、岗位层和工具层四层责任文件体系，行为守则是公司层面的文件，描述了基本原则，这些原则向下逐步确立具体位置标准、工作指导文件以及更为基础的培训标准。

案例 2：中海油加强海外责任制度建设

中海油以"携手行稳致远，深度融入全球"为愿景，制定海外社会责任战略，通过制定实施《国际化员工队伍规划管理细则》《海外机构人力资源管理办法》《境外项目报告及备案（核准）管理办法》《境外法律纠纷管理实施细则》等十余部海外责任管理规章制度，搭建海外员工成长阶梯、构筑海外资产运营体系、防范海外经营管理风险，提高企业海外履责的管理和实践水平。

二 加强组织管理

建立和完善社会责任组织体系，包括社会责任领导机构、社会责任主管部门、社会责任支撑部门等。设立社会责任专门处室也是构建组织体系的重要内容。为了积极推动社会责任"向下走"，部分中资企业还将社会责任管理扩大到二级，甚至三级企业。

领导机构是企业社会责任工作的最高决策机构。中资企业通常设立以社会责任工作领导小组或社会责任管理工作委员会为主要形式的社会责任领导机构。社会责任领导机构由企业高层领导直接负责。例如，中国石化在董事会中设立了社会责任管理委员会，统筹推进社会责任工作。

将企业社会责任作为一项专项管理工作，明确主管部门也是改善履责效果的主要途径。企业社会责任工作通常由办公厅（室）归口管理，或由战略、企发、企管、改革、规划类相关部门归口管理，少数企业由文宣、品牌、新闻类相关部门和党群类部门负责。

设立社会责任专门处室，是企业持续、高效开展社会责任工作的重要保障。部分企业建立了专门的社会责任部门或办公室，如中国电科的质量安全与社会责任部、中国五矿的新闻与社会责任部、中国一汽的社会责任办公室等。

建立上下联动、统筹推进的社会责任工作模式，能有效聚合全公司力量，更好践行社会责任。多数中央企业已将社会责任管理扩大到了二级单位，甚至三级单位。例如，南方电网等公司已建立起横向到边、纵向到底、三级联动的社会责任组织体系。

案例 1：中国电科建立三级社会责任组织体系，加强海外社会责任组织领导

中国电科建立了"集团总部——质量安全与社会责任部——成员单位"三级联动的社会责任组织体系，在海外建立社会责任管理体系，搭建了海外社会责任管理架构，成立电科国际社会责任工作领导小组，建立健全社会责任管理长效机制，实现全集团社会责任工作的统一组织与有效管理。

案例 2：中钢南非铬业建立社会责任组织管理体系

中钢集团认为高水平的责任绩效有赖于高水平的责任治理。因此，中钢集团在非企业积极致力于培育守法合规、正直尊重的企业文化，并构建完善的责任治理体系，这一体系包括三个部分：有效的责任组织管理体系、完备的责任管理政策和系统的责任文件体系。中钢南非铬业公司建立起了从董事会，到社会责任委员会，再到 CEO，最后到 SHEQ 和人力资源经理的四级责任组织管理体系，实现统一部署，积极推进社会责任实践，保证各项工作正常开展。

三　加强信息披露

企业按照实际情况真实地向公众披露社会责任信息不仅能够使信息使用者对企业有更深刻的认识和了解，对企业的经营活动产生的社会影响做出正确评判，而且有利于企业在公众心目中树立一个良好的形象，维护企业与社会的关系，为企业的长远发展带来更大的机会。

加强企业信息披露有助于推动社会诚信系统构建。企业以透明的方式向社会定期公布年度报告，把社会责任方面的进步与存在问题进行披露，增强信息透明度，使企业赢得公众的信任和支持。加强信息披露有利于加强社会舆论监督。舆论体系是社会诚信和企业社会责任评价体系的监督工具。除政府和企业以外的社会各界对企业履行社会责任的监督发挥着很大的作用。另外，信息披露可以帮助大众媒体加强对企业社会责任建设的关注，加大宣传企业在社会责任建设方面的成功经验。

案例 1：《中国石化在非洲》报告

1993 年，中国石化迈出了国际化的第一步，开始为非洲提供油田钻井工程服务。在辛勤耕耘非洲二十周年之际，中国石化于 2013 年发布了《中国石化在非洲》社会责任报告。这是中国石油化工集团公司首次发布公司在非洲地区的社会责任报告。中国石化遵循真实、客观、规范的原则，披露了其在非洲开展业务以来，按照联合国全球契约十项原则的基本要求，全面履行经济、环境和社会责任，致力于实现可持续发展的相关情况。

案例2:《中国电建在赞比亚》报告及专题影像志

2015 年，中国电建集团首次发布可持续发展国别报告。报告系统回顾了中国电建在赞比亚投资运营过程中履行经济、环境和社会责任的实践和绩效，体现了中赞双方共同发展的可持续理念。中国社会科学院企业社会责任研究中心主任钟宏武这样评价道："中国电建《中国电建赞比亚可持续发展报告》本着'客观、规范、诚信、透明'原则，以简洁的文字、翔实的数据、清晰的图表、丰富的案例，以'经济、HSE管理、员工、社区'四大议题完整地披露了公司在赞比亚履行可持续发展的具体实践，展示了公司积极与各利益相关方沟通，回应需求，与其实现共同发展的努力和实力。"

在发布国别报告的同时，中国电建还开创性地运用影像志这一载体，通过专题影像志，真实、客观地记录了中国电建在赞比亚的履责实践和感人故事，向观众讲好中国故事、传播企业形象。

四　企业案例

企业案例（一）：中国石油化工集团公司——"为美好生活加油"

中国石油化工集团公司（以下简称中国石化）是1998年7月国家在原中国石油化工总公司基础上重组成立的特大型石油石化企业集团。目前，中国石化是中国最大的成品油和石化产品供应商、第二大油气生产商，是世界第一大炼油公司、第二大化工公司，加油站总数位居世界第二，在2017年《财富》世界500强企业中排名第三位。

随着业务拓展的需要，中国石化逐渐涉足于海外市场。目前，在全球范围内开展油气勘探开发、炼油、设备制造、国际贸易、石油工程和炼化工程技术服务等业务。随着中国石化国际化战略的实行，境外机构、项目不断增加，业务规模和领域不断扩大。员工分布于60多个国家和地区。中国石化在全球各地的运营，支持了当地经济建设，带动了相关产业进步，提高了人们的生活水平。

非洲地区具有丰富的油气资源，多年来一直是中国石化获取海外资产的战略目标地区之一。20 世纪 90 年代初，中国石化开始在非洲大陆拓展业务。1993 年，中国石化开始为非洲提供油田钻井工程服务。截至目前，中国石化在非洲 17 个国家开展运营，境外用工总量 9400 多人，业务涵盖了油气勘探开发、石油工程服务、地热开发和石油贸易等。截至 2013 年 6 月底，中国石化在非洲资产总额达 220 亿美元，2012 年向非洲各国政府上缴税费达 43 亿美元以上，提供了 9000 多个就业岗位。

油气勘探开发是中国石化在非洲的主要业务。截至 2013 年 6 月底，中国石化在非洲执行 20 个油气勘探开发项目，涉及的国家有尼日利亚、喀麦隆、加蓬、阿尔及利亚、安哥拉、苏丹、南苏丹等 8 个国家。中国石化通过与国际公司合作打破了国际石油公司的长期垄断，成功进入非洲深海领域的勘探和开发。

工程技术服务也是中国石化和非洲各国合作的重要领域。中国石化在非洲提供石油工程和基础设施建设等服务。承建的中非博阿利 3 号水电站及其配套输变电项目是中国政府"点亮非洲"援建项目中最大的一个，为解决中非电力短缺问题做出了巨大贡献。此外，由中国石化承建的加纳天然气工程项目是该国首个大型油气基础设施项目，对加纳经济发展及社会进步具有十分重要的里程碑意义。

中国石化不断深化社会责任理念，完善社会责任管理，探索社会责任实践，以社会责任报告为重要载体加强责任沟通，充分发挥公司在带动经济、社会和环境可持续发展中的不可替代作用。中国石化以责任战略、责任治理、责任研究、责任融合、责任绩效、责任沟通的"六维一体"社会责任管理框架为模型，从明确社会责任理念、成立社会责任委员会、编制社会责任规划与管理办法、健全社会责任沟通机制等方面不断完善社会责任管理体系，促进社会责任融入企业战略与日常管理，打造独具公司特色的社会责任工作机制，保障社会责任工作的有效推进。

中国石化努力将社会责任和企业经营、业务优势有机结合起来，将履责重点与利益相关方需求有机结合起来，不断推动公司在能源供应、科技创新、服务客户、安全环保、员工关爱、伙伴责任、社会公益、海外社会责任等方面的履责实践，全面促进企业与社会、环境的协调可持续发展。

2016年，国务院国资委下发《关于国有企业更好地履行社会责任的指导意见》，提出国有企业重点从深化社会责任理念、明确社会责任议题、将社会责任融入运营、加强社会责任沟通、加强社会责任工作保障五个方面推进社会责任工作，最大限度地创造经济、社会和环境的综合价值，促进可持续发展。在国家政策的引领和指导下，为了响应政府有关社会责任议题的要求，中国石化结合自身情况和特点明晰了企业社会责任管理理念，并在该理念的基础上制定和完善社会责任管理体系及模式。

坚持"为美好生活加油"的企业使命，培育社会责任文化，夯实社会责任管理，创新社会责任沟通，推进社会责任与企业战略及日常运营的融合，推动企业与经济、社会和环境共同可持续发展。该政策理念成为中国石化在社会责任方面的行动指南。

"为美好生活加油"，作为中国石化企业运营理念的核心和主线，包含三个层面含义：坚持把人类对美好生活的向往当作企业发展的方向，致力于提供更先进的技术、更优质的产品和更周到的服务，为社会发展助力加油；坚持走绿色低碳的可持续发展道路，加快构建有利于节约资源和保护环境的产业结构和生产方式，为推进生态文明建设做出贡献；坚持合作共赢的发展理念，"报国为民，造福人类"，使公司在不断发展壮大的同时，为各利益相关方带来福祉。

2016年，中国石化制定《中国石油化工集团公司"十三五"发展规划》，并在此基础上编制《中国石油化工集团公司"十三五"社会责任规划》。中国石化"十三五"社会责任规划重点工作涵盖基础管理、能力建设、责任融合、透明运营、海外履责、公益慈善等方面。明确工作总体思路及推进路径，为中国石化"建设世界一流能源化工公司"提供支撑和保障，为推动经济社会更高质量、更有效率、更可持续发展做出积极贡献。

中国石化秉承"为美好生活加油"的企业使命，坚持以价值创造为企业经营发展的首要目标，在国家"十三五"规划创新、协调、绿色、开放、共享五大发展理念的引领下，紧紧围绕中国石化"十三五"规划价值引领、创新驱动、资源统筹、开放合作、绿色低碳五大战略，携手利益相关方共同推进能源供应、绿色低碳、价值共创、回归社会、责任管理五个方面的履责行为，不断创造价值，助力企业与利益相关方在经济、社会、环境等方面的共同可持续发展。

社会责任与企业文化相生相融，中国石化大力弘扬"爱我中华，振兴石化"和"苦干实干、三老四严"等石油石化精神，发扬"严细实""精细严谨"等优良作风，以"为美好生活加油"为企业使命，以"建设世界一流能源化工公司"为企业愿景，以"人本、责任、诚信、精细、创新、共赢"为核心价值观，突出以人为本、绿色低碳、社会责任，以及国际化、市场化等内容。中国石化的企业文化关乎利益相关方的需求，形成中国石化独特的社会责任文化体系。

企业社会责任需要组织制度的保障，社会责任管理体系的确立有助于企业社会责任履行落到实处。中国石化社会责任决策领导机构是集团公司社会责任委员会，向董事会提出建议，下设社会责任办公室与宣传工作部，主要负责公司社会责任战略规划及具体事务等的统筹、协调与推进，社会责任报告编制与发布，以及责任沟通、传布、评选与研究等事项。公司总部各部门按照职能分工，负责业务范围内的社会责任工作。各直属单位（企业）建立社会责任管理机构，积极推进企业社会责任实践，保证企业社会责任工作正常开展。

加强社会责任沟通是国资委《关于国有企业更好地履行社会责任的指导意见》中提出的工作重点之一。沟通和宣传工作旨在建立企业和利益相关方之间的桥梁。中国石化深入研究利益相关方关切的问题，将相关诉求转化为公司可持续发展行动目标和方案，拓宽多元化社会责任沟通渠道，向利益相关方传播公司责任理念及履责动态。

中国石化通过多种平台渠道，采取不同形式进行社会责任沟通。如：自 2006 年起历年发布《中国石化社会责任报告》，发布《中国石化精准扶贫白皮书（2002—2016）》等。利用报刊平台更全面地展现企业社会履责动态，主要报刊平台有：《中国石化报》日报，《中国石化》月刊。新媒体平台也是当今信息化时代实现沟通的有效形式，新媒体沟通有新颖、灵活、受众面广等优势。如：中国石化官方微博"石化实说"（http：//weibo. com/sinopec），中国石化官方微信（woshi_ xiaoshitou），石化黑板报官方微信（shhbb2014），推特账号（Twitter：@SinopecNews），脸书账号（Facebook：@Sinopec）。"互联网＋"平台也是中国石化责任沟通的新尝试，创办了中国石化网上博物馆（museum. sinopec. com）。另外，开展形式多样的系列活动有助于普通公众感知企业文化，参与企业建设。如：截至2016年年底，连续五年开展"公众开放日"活动，连续六年开展"社会监督员"活动，连续七年开展媒体沟通会活动。

加强社会责任交流有利于提升社会责任能力。通过积极参加与各界的企业社会责任交流活动，一方面能够提高企业的履责能力与专业水准，另一方面间接扩大企业影响，提升企业声誉。中国石化支持由联合国全球契约中国网络等机构主办的"2016实现可持续发展目标中国峰会"。中国石化优秀社会责任案例入选《点亮美好未来——实现可持续发展目标成果集》。积极参加"分享责任公益讲堂、中国行、中国首席责任官计划、中国社会责任百人论坛"等活动，加强同各界在社会责任方面的经验交流，提升责任能力。参加中国企业社会责任报告国际研讨会、海航社会责任论坛等，中国石化自主研发的生物航煤作为优秀案例入编《2016 绿色航空白皮书》。

企业案例（二）：中国路桥工程有限责任公司——"诚信履约、用心浇注您的满意"

中国路桥工程有限责任公司（简称"中国路桥"，英文缩写 CRBC）是中国最早进入国际工程承包市场的四家大型国有企业之一，主要从事道路、桥梁、港口、铁路、机场、房地产、工业园等领域工程承包及投资、开发、运营业务，在亚洲、非洲、欧洲、美洲的近 60 个国家和地区设立了分支机构，形成了高效快捷的全球市场开发网络。

在国家"走出去"战略和"一带一路"倡议的引领下，中国路桥抢抓机遇，培育核心竞争力，承揽了巴基斯坦喀喇昆仑公路改建工程、毛里塔尼亚友谊港改扩建工程、塞尔维亚泽蒙－博尔察大桥、肯尼亚蒙内铁路、内马铁路、匈塞铁路等著名项目。在世界各地打造精品工程的同时，尊重当地文化、坚持合规经营，履约社会责任，真诚奉献驻在国国计民生。

对于中国路桥来说，积极履行企业社会责任就是坚持"诚信履约、用心浇注您的满意"的服务理念，在项目实施过程中，充分考虑设计、建设、运营全过程中的决策和行为对于利益相关方的影响，推动项目的可持续性能力建设，最大限度减少项目实施所产生的负面影响，遵守法律法规，尊重人权，符合国际行为规范，落实当地元素，保障项目最大限度地发挥促进经济发展、环境保护和社区关系和谐的作用。

"十三五"期间，中国路桥提出了将中国路桥打造为"遵从商业伦理、卓越运营、社会尊重、员工自豪，受资本市场青睐的全球化五色企业集团"的战略目标。而履行社会责任是践行"五色路桥"战略中"红色至上、绿色至融"理念的重要体现，也是实现"遵从商业伦理、社会尊重"的重要途径。

公司以"用心浇注您的满意"为责任理念，加强责任治理与沟通，积极促进责任融合，进一步提升公司责任管理、实践水平。将社会责任融入战略、融入管理。健全社会责任组织机构，修订完善社会责任管理制度，开展多层级培训提升员工责任意识，不断提升履责能力和绩效。

中国路桥公司主要利益相关方包括：股东、投资者、员工、客户（业主）、合作伙伴（供应商、分包商）、政府、行业组织、社区（公众、媒体/非政府组织）等。各项目建立符合企业特点的利益相关方识别机制，评估各利益相关方的性质、能力、期望和要求及其对公司决策和运营的影响程度。加强与利益相关方的沟通，连续发布 9 份社会责任报告，与利益相关方分享公司社会责任理念与实践活动，回应相关方关切。

开展社会责任意识与能力建设活动，持续提升员工社会责任理论水平和实践能力，打造具有履责意识和能力的员工队伍，为公司开展社会责任工作提供人力资源保障。

建立完善的社会责任组织体系。企业发展部是公司企业社会责任管理的归口部门，负责公司企业社会责任组织体系及制度建设，指导各驻外机构开展社会责任实践活动，负责开展与社会责任相关的内外部沟通，并负责推进公司的社会责任战略与日常经营相结合，确保战略和政策实施的一致性。驻外机构负责人为本单位企业社会责任工作的第一负责人，项目经理为项目部社会责任管理工作总负责人。驻外机构负责人为本单位企业社会责任工作的第一负责人，主要职责包括：制定驻外机构社会责任工作规划和实践方案；贯彻落实公司总部下达的各项社会责任工作决议；开展内外部利益相关方沟通；协助编制公司总部年度可持续发展报告；协同公司总部开展社会责任培训、宣传、实践。项目经理为项目部社会责任管理工作总负责人，主要职责包括：制定项目部社会责任工作规划和实践方案；贯彻落实公司总部及驻外机构下达的各项社会责任工作决议；开展内外部利益相关方沟通；

协助编制公司总部及驻外机构年度可持续发展报告；协同公司总部及驻外机构开展社会责任培训、宣传、实践。

公司配备企业社会责任专职管理人员，驻外机构及项目部应配备专/兼职社会责任管理人员，负责贯彻落实公司社会责任战略及开展社会责任实践活动。公司总部社会责任专/兼职人员工作职责包括：统筹规划、推进公司社会责任工作；向各驻外机构传达社会责任决议；负责收集、整理、统计、报送社会责任相关资料。驻外机构及项目部社会责任专/兼职人员工作职责包括：对接公司总部社会责任管理部门，向内部传达公司总部社会责任决议及有关要求；推进公司内各项社会责任工作。

第六章　政策建议和意见

在进军海外国际市场的征程中，履行企业海外社会责任，是中国政府对中资企业的要求，也是中资企业在非洲实现长远发展的必然选择。政府、企业及其他社会组织和科研机构在落实和完善企业社会责任工作中发挥着不同的作用。只有各方合力，各司其职，发挥各自优势，才能助力中资企业提升海外社会责任水平。

一　坚持政府引导地位

政府作为企业社会责任的倡导者与监督者，应加大推动企业社会责任理论和实践发展。企业履行社会责任不仅是企业自身发展的需求，更关乎国家良好形象的树立。国家形象作为"软实力"的重要方面和体现，直接影响国家利益的实现。企业积极作为、务实负责的形象，能够提升国家在全球治理中的话语权和影响力。随着全球化的进一步深入，全球范围内的经济往来更加频繁，文化交流更加密切。物质与非物质层面交融的前提是全球制度、规范、行为准则的确立。政府作为公共政策的制定者，一方面要统筹资源积极参与全球规范的制定，另一方面要结合国情引导全球规范的实施。政府既是国家利益的代言人，也是企业"走出去"的引路人。近年来中国企业逐渐崛起，参与全球经济活动、经济治理越来越多，也越来越深入。伴随中国影响力的增长，中国企业与世界互动愈加频繁。企业，作为非国家行为体，参与全球治理有一定的先天优势。企业通过经济活动能够更敏锐地洞察全球化带来的问题，也能在所在领域和地区更有针对性地提出解决方案。企业的声音为出台全球治理方案提供重要的决策依据。企业作为非国家行为体在全球治理中的作用逐渐增强离不开政府从国家战略层面的宏观把控和引导。

习近平总书记指出，秉持"真实亲诚"的对非工作方针和正确义利观，支持非洲国家提高自主发展能力，推动中非新型战略伙伴关系，更好惠及双方人民。中国企业在非洲社会责任的履行，符合中非合作关系发展的战略要求，有利于实现中非合作共赢的战略目标。中国在非履行企业社会责任不仅影响中国企业的国际竞争力和形象，而且影响着中国在非洲和国际上的国家声誉。

政府应重视企业海外行为尤其是社会责任履行在国家发展战略中的作用，通过有效可行的政策对企业经营活动的引导、监管和制约，建立良好的经营秩序，树立良好的企业形象。形成中国在非履行社会责任的激励机制，制定符合国际规范准则的行业社会责任标准。完善企业社会责任管理体系和制度建设，引导中国企业更好地落实在非社会责任。政府强有力的监管措施，将有助于企业提升履责意识和能力，形成企业、政府、社会的良性互动。

二　加强企业主导作用

作为履责主体，企业应增强自身履责意识和能力。企业社会责任的履行关乎企业的成长和长久发展。与当地社会建立和谐的良性关系，有助于增强当地民众对企业的认可度，树立企业在该国的良好形象。企业应转变发展意识，不能仅考虑眼前利益，而应从大局出发，将所在社区的需求纳入企业战略发展规划中，以实现长远利益。如果企业把自身资源与当地政府发展规划相结合，能够增强在非洲市场的竞争力和抗风险能力，实现企业、社会的可持续发展。企业作为盈利机构，追求最大利润，保障工程项目顺利高效进行是首要目的，但与此同时，带动当地的经济发展，加快基础设施建设，为推动非洲经济社会和谐发展做出贡献也应成为企业追求的目标。

　　中国企业在"走出去"的过程中逐渐形成了企业社会责任履行意识。将意识转化为行动，应通过管理机制的确立和完善。例如，从中国石化企业社会责任履行的经验来看，企业社会责任的落实需要完善战略管理、日常管理、组织管理、制度管理以及信息管理。① 企业社会责任纳入企业战略管理是企业实施"责任型战略"的体现和要求。"责任型战略"要求企业营造社会责任文化氛围，增强社会责任意识，与利益相关方维系良好的合作关系，营造有利的投资经营环境，由"利益至上"逻辑转变为"与利益相关方合作共赢"理念。企业社会责任的日常管理要把企业社会责任纳入企业日常经营业务及财务活动的控制之中，以确保企业社会责任工作能够得到具体落实。企业社会责任组织管理是企业履行社会责任管理工作的有力保障，中国石化建立了专门的社会责任管理组织机制，由管理委员会和职能部门构成。企业社会责任制度是切实规范社会责任管理工作的行为准则和指南。中国石化制定了一

---

　　① 程晨：《企业社会责任管理体系探讨》，《统计与决策》2013 年第 22 期。

套社会责任管理制度，一类是与企业社会责任总体工作相关的管理制度，如企业社会责任指南等，另一类是与企业社会责任具体工作相关的管理制度，如教育培训制度、安全生产制度、环境保护制度、信息披露制度等。企业社会责任信息管理是指企业社会责任管理的过程中加强对社会责任信息的沟通与交流，建立社会责任信息披露制度是具体体现。企业社会责任信息披露制度的建立和完善有利于社会各方对企业承担社会责任的情况进行评价和监督，因此有助于促进企业承担社会责任。企业社会责任信息披露还有利于避免利益相关方之间，以及利益相关方与企业之间信息不对称的问题，从而加强企业与利益相关方之间的交流与合作。

企业可通过以下几方面提升海外社会责任管理与实践水平。

1. 完善海外履责管理机制，增强责任融合深度

增强海外社会责任管理，将促进海外社会责任融入企业战略、治理结构和日常运营，是中资企业履行海外社会责任的重要组成部分。

一方面，中资企业要完善海外社会责任管理体系，选派海外分支机构的重要领导牵头组建海外社会责任管理小组，设置海外社会责任管理部门，委任专业知识扎实、实践经验丰富的员工专门负责企业履行海外责任的相关工作。另一方面，中资企业要增强海外社会责任管理意识，结合企业海外经营战略、海外履责战略以及东道国经济、环境、社会的发展战略，制定并执行企业海外社会责任发展战略规划。在日常运营中，有意识地实践更负责任的经营行为，将责任意识贯穿于企业运营的全过程。

2. 发布海外社会责任报告，增强责任沟通和传播力度

对于在东道国影响力强的中资企业，建议加强编制并公开发布海外社会责任报告。在企业海外社会责任专项工作部门中选派熟悉当地社会、文化、环境、风俗的专业人员负责企业海外责任的沟通和传播工作。

积极与国内权威媒体、东道国主流媒体、知名公关机构合作，建立海外社会责任沟通和传播机制。通过企业网站、新闻发布会等方式加强海外履责的传播力度。善用新媒体，积极宣传海外社会责任交流活动，健全海外社会责任重大事项和突发事件披露机制。当中资企业对当地环境保护、社会发展、经济增长和社区发展做出重大贡献、取得显著成效时，制作相关宣传材料，通过当地主流媒体、政府机构和中国驻当地使领馆等途径正面发声，增进当地社会对企业的了解，以争取更好的社会反响。同时，企业应定期召开利益相关方沟通会，与 NGO 组织、消费者、当地居民等重要利益相关方沟通，树立企业责任担当的形象。

3. 构建海外责任品牌，树立责任担当品牌形象

责任品牌建设的核心和基础是负责任的经营和管理。在海外社会责任自主品牌建设中，中资企业可以从创造可持续性产品及服务入手，发挥业务优势，在产品生产、产品质量和产品消费等全生命周期体现可持续性，最大限度减少给东道国经济、社会和环境造成的负面影响，解决东道国社会可持续发展面临的重要问题。同时，中资企业还可以建设自己的公益慈善品牌项目、志愿者品牌项目等，作为自主品牌内容，给当地社会的健康和福祉带来可持续的提升，形成以可持续性为特征的中国品牌形象。

4. 完善责任实践模式，提升海外履责实践水平

中资企业海外社会责任起步晚、时间短，履责实践存在不足之处。劳工问题是其海外履责实践中面临的主要问题，企业对东道国与自身行业相关的环保类法律法规不够了解，企业未在东道国建立完善的对外捐赠管理制度，公益管理体系不完善。鉴于此，中资企业需提升在劳工实践、环境保护、公平运行、消费者保护、社区参与和社区发展等重要议题的履责实践水平。

在劳工实践方面，中资企业要深入学习东道国劳

工就业相关的法律法规，严格遵循平等雇用制度，完善薪酬与福利体系，保障劳工基本权益。健全民主管理机制，完善员工反馈和申诉渠道，避免产生员工冲突。建立完善的培训机制，提升员工专业技能，畅通员工职业发展通道。同时坚持本地化雇用原则，优先招聘本地员工，解决当地就业问题。

在环境保护方面，要树立生态文明建设理念，严格遵守国际组织、东道国政府环境保护相关的法律法规，加强环境管理，注重节能降耗，发展循环经济，坚持绿色生产和运营。积极开展环保宣教与培训，推行绿色办公，提升员工环保意识。积极开展环保公益活动，与东道国环保 NGO 组织加强在生态环境、生物多样性和应对气候变化等全球热点领域的合作。

在公平运营方面，中资企业树立公平经营理念，严格遵守东道国公平竞争与贸易的法律法规，在经营发展中遵循当地交易程序，不使用打压、欺骗等方式侵犯东道国竞争企业权益，营造良好的竞争氛围。

在消费者保护方面，一方面要扩大产品或服务的可及性，完善产品质量管理体系，打造优质产品；另一方面，健全消费者关系管理体系，积极开展消费者满意度调查，完善消费者投诉机制，保障消费者权益。

在社区参与和社区发展方面，中资企业要注重加强同当地 NGO 组织的合作，强化与社区的沟通，在了解需求的前提下，制定专业的、有规划的、系统性的社区发展战略，提升利益相关方的满意度，塑造良好的国际形象和企业形象。

5. 参与国际责任交流，增强海外责任影响力

西方国家社会责任发展起步早，责任理论和实践经验丰富。因此，中资企业海外社会责任建设，需加强社会责任国际化交流。一方面，积极参与国际社会责任研究领域的交流活动，提高履责意识，重视并深入了解与组织治理、劳工实践、环境保护等议题相关的社会责任国际公约、国际倡议等政策标准，积极参与相关标准制定阶段，表达自身诉求，贡献企业智慧。另一方面，中资企业应该强化与东道国先进企业在社会责任管理与实践方面的沟通交流，加强自我诊断，自查海外履责的不足之处，通过借鉴东道国企业优秀履责经验，进一步提升企业在责任沟通、安全生产、劳工权益保护、环境保护等议题方面的实践水平。

三　依托各界资源支持

发挥行业组织、科研机构作用，利用国际组织平台推动企业社会责任的履行。行业组织在企业行为规范过程中的作用越来越凸显。建筑业、采矿业、金融业、制造业、科学研究与技术服务等是中国对非投资的主要行业。行业组织能够结合自身行业特点，通过协助企业实施社会责任指南或者影响国际标准制定，来推进企业开展海外社会责任实践。

　　例如，B20 中国工商理事会加强与国际标准组织的沟通，为中国企业积极参与国际标准制定创造条件，推动中国标准"走出去"。中国对外承包工程商会发布《中国对外承包工程行业社会责任指引》，推出具体行业规范和指导方针，以便企业更好地履行社会责任。再如，中国五矿化工进出口商会发布《中国对外矿业投资社会责任指引》，对企业海外矿业开发作业中应遵守的行业规范和社会责任的重点方面做出了更加具体的说明，增强了社会责任指南可行性和行业适用性，对中国企业更加主动地承担社会责任，实现与利益相关方的共赢起到推动作用。

　　加强与社会组织、科研机构、智库、媒体等社会公众的交流沟通，使其发挥企业社会责任的支持者和传播者作用，为中国企业提供理论支撑、技术服务，帮助中国企业排除履责中遇到的问题，避免由于缺乏专业知识而走弯路，协助中国企业传播良好实践，为中国企业"走出去"铺平道路。例如，中国社会科学院企业社会责任研究中心编写的《企业社会责任蓝皮书》是中国企业社会责任发展的风向标，为把握企业社会责任履行动态提供有力可靠依据；《中国企业社会责任报告编写指南》也为中国企业撰写企业社会责任报告提供了针对性指导，具有现实意义。

通过加强国际合作，建立国际交流和伙伴关系，提高企业社会责任水平。参加国际组织、当地社会组织举办的社会责任交流会或论坛等，既是将企业行为与国际标准进行比照的重要渠道，也是企业间就社会责任履行经验与问题进行交流的主要途径。同时，通过参加或者举办交流活动也是企业对社会责任履行行为的披露方式，使当地社会或者国际社会更全面更深刻地了解和认识企业在企业社会责任方面取得的成果。

1. **社会团体：提升中资企业海外公益活动实践价值**

虽然中资企业通过内部团队改善海外社会责任管理可以提升海外履责实践能力和水平。但是对于尚未建立健全海外社会责任管理机制的多数中资企业来说，要想在短时间提升海外社会责任管理水平实属不易。加之对东道国社会环境缺乏深入了解，中资企业单凭自身力量履行海外社会责任可能会出现捐赠财物未得到有效利用等问题，降低企业海外履责的预期价值。

从发达国家经验来看，在推进企业履责进程中，非政府组织发挥了重要作用。例如欧洲著名的 NGO 组织——欧洲企业社会责任协会（CSR Europe），通过建立咨询台、举办研讨会、论坛、开展各种主题研究、推动利益相关方之间的对话、建立 CSR 网络服务中心等方式，成功地帮助许多企业将社会责任融入企业战略、组织结构和日常运营中，助力企业履责实践的发展。美国的 NGO 组织通过参与劳工运动、消费者运动、环境保护运动和企业社会责任运动四类社会运动，推进美国企业社会责任的建设工作。

鉴于此，具有较强国际影响力的本土 NGO 组织要积极走出去，与东道国中资企业海外分支机构建立互利合作的关系。首先，发挥 NGO 组织专业优势，帮助企业制定长期性、战略性的海外履责机制，提高企业海外履责的效率和水平。其次，利用自身的专长为企业海外社会责任管理人员答疑解惑，节省企业在履行海外社会责任前期和后期的人员、时间和精力投入，从而实现不同性质组织的优势互补。最后，本土 NGO 组织要充分利用国际资源，形成规模效应，帮助企业与东道国政府、项目所在社区代表等建立联结，从而使企业嵌入东道国广泛的社会网络中，从中获得独特的关联优势，获得机构性和政策性方面的支持。

2. 权威媒体：为中资企业海外履责发声

企业海外传播力是中国文化软实力的重要构成部分，与此同时，对于企业海外社会责任信息披露，也是十分重要的信息载体。目前全球主流媒体如《经济学人》《华尔街日报》、路透社、彭博社等，公司办公室遍布全球，与本土企业建立持续互动良好关系，积极在当地传播本国企业履责活动。据国际电信联盟 2015 年 12 月发布的数据显示，截至 2015 年 11 月，全球互联网用户已达 32 亿，数字媒体时代下，社交媒体活跃用户数不断提高，Facebook 在今年的月均活跃用户数已达 16.5 亿，超过中国这个世界上人口最多的国家，并且其用户数还在不断增长；而 Twitter、Instagram 的月均活跃用户数也分别超过 3 亿和 5 亿，新媒体时代下海外网络传播的影响力依然不容小觑。

鉴于此，新华网、人民网、光明网等国内主流媒体要发挥其全球影响力，积极为海外履责实践优秀、成效显著的中资企业发声。通过短期集中报道、定期系列报道、网络宣传等多元形式宣传中资企业在救灾、扶贫、环保、医疗、卫生等海外履责重点领域取得的成效，传播中资企业海外履责的优秀成绩。同时，国内权威媒体可利用自身媒体资源优势，与企业东道国有影响力的媒体合作，共同宣传优秀海外中资企业，开设网络专题板块，传播典型，努力树立负责任的中资企业形象和国家形象，提升中资企业在东道国的美誉度。

参考文献

程晨：《企业社会责任管理体系探讨》，《统计与决策》
2013 年第 22 期。

戴艳军、李伟侠：《企业社会责任再定义》，《伦理学
研究》2014 年第 3 期。

侯怀霞：《企业社会责任的理论基础及其责任边界》，
《学习与探索》2014 年第 10 期。

"授之以渔：中资企业对非技术转移现状调研"项目
组：《中资企业对非技术转移的现状与前瞻》，《西
亚非洲》2015 年第 1 期。

中国国际扶贫中心：《非洲企业社会责任发展历程与特
点》，《中国企业社会责任》2016 年第 11 期。

钟宏武、叶柳红、张蒽：《中资企业海外社会责任研究
报告（2016—2017）》，社会科学文献出版社 2017 年
版。

李新烽，中国社会科学院西亚非洲研究所副所长、研究员、博士研究生导师。出版《非洲踏寻郑和路》（中、英文版）、《郑和与非洲》等著作，发表中英文学术论文 20 余篇。人民日报社前驻南非首席记者，足迹遍布非洲大陆。其作品获中共中央宣传部第十届精神文明建设"五个一工程奖"、第十六届和第二十七届中国新闻奖、中国社会科学院 2012 年和 2016 年优秀对策信息一等奖、外交部 2013 年和 2016 年中非联合交流计划研究课题优秀奖等十余种奖项。

练铭祥，男，1968 年 6 月生于江苏。1991 年毕业于同济大学海洋地质专业，2000 年获得南京大学工商管理硕士学位，高级工程师。2003 年至 2011 年任中国石化国际石油勘探开发有限公司尼日利亚公司经理。2012 年至 2017 年任中国石油化工集团公司外事局副局长，现任中国石油化工集团公司国际合作部副主任，主要负责中国石油化工集团公司境外公共安全管理相关工作。

钟宏武，中国社会科学院企业社会责任研究中心主任、中国社会责任百人论坛秘书长，毕业于中国社会科学院研究生院工业经济系，管理学博士。主持国家发展和改革委员会、国务院国有资产监督管理委员会、工业和信息化部等部委机构委托的企业社会责任研究课题 20 余项。先后访问南非、苏丹、赞比亚、津巴布韦、埃塞俄比亚等非洲国家或地区，研究企业社会责任。编写《中国企业社会责任报告编写指南》《企业社会责任管理》等专著 40 余部，发表论文 50 余篇。

孟瑾，中国社会科学院西亚非洲研究所助理研究员，法国里昂第三大学政治学博士。在国内外期刊发表《法语国家与地区国际组织在非洲冲突管理中的作用》《非洲发展与区域一体化，中非合作的新维度》《中国气候安全与气候治理，政治层面再定义》等数篇论文。参与中国社会科学院马克思主义理论学科建设与理论研究工程《非洲社会主义理论与实践新探索》课题研究。曾赴马里、科特迪瓦和塞内加尔三国进行实地调研，与政府官员和在非中资企业负责人进行深入座谈。

中国社会科学院西亚非洲研究所是根据毛泽东主席的指示于 1961 年 7 月 4 日创建的多学科综合性研究所，是目前中国规模最大、研究力量最集中的中东、非洲问题研究机构和智库。该所研究对象涉及中东、非洲 74 个国家和地区，重点研究当代中东、非洲地区，各国政治、经济、社会、民族、宗教、法律以及大国与中东、非洲，中国与中东、非洲等国际关系问题。主办学术期刊《西亚非洲》（双月刊），主编综合性年度研究报告集《中东黄皮书》和《非洲黄皮书》；主管中国社会科学院海湾研究中心和中国社会科学院西亚非洲研究所南非研究中心。全国性学术社团中国亚非学会和中国中东学会挂靠于该所。中国社会科学院研究生院西亚非洲研究系设在该所，招收和培养中东和非洲政治、经济和国际关系等专业方向的硕士和博士研究生，为国内中东非洲研究培养专业人才。经过近 60 年的发展，西亚非洲研究所已逐步成为国内外中东非洲研究领域的知名学术机构。

中国社会科学院国际合作局是负责组织推进全院对外学术交流合作的职能部门。中国社会科学院对外交流合作遍及 100 多个国家和地区，同海外 160 余个机构建立了协议交流关系，其中主要是各国科学院、国家级科研机构、高端智库、知名学府以及重要国际组织。对外学术交流的形式主要有学者互访、举办国际研讨会、合作研究、培训、出版等。近年来，每年中外学者互访达 5000 余人次，举办国际性学术会议 150 余场。与 10 余个国家的科研机构共同组织开展合作研究项目。近五年来，与国外知名学术出版社合作，对外翻译出版学术著作 700 余部。印行《中国社会科学》等 16 种英文学术期刊。在海外已建立形成中国研究中心网络。

中国社会科学出版社成立于 1978 年 6 月，是由中国社会科学院主管的一家以出版哲学社会科学学术著作为主的国家级出版社。1993 年首批荣获中共中央宣传部和国家新闻出版总署授予的全国优秀出版社称号。中国社会科学出版社成立 40 周年以来，出版了大量人文社会科学学术精品，图书先后获得国家图书奖荣誉奖、国家图书奖、中国图书奖、中国出版政府奖图书奖、"中国好书"奖、中华优秀出版物奖、"三个原创一百"图书奖和全国优秀通俗理论读物奖等国家级奖励。在南京大学中国社会科学评价研究院发布的《中文学术图书引文索引》中，中国社会科学出版社图书被引综合排名在全国近 600 家出版社中位居第四；在中国文化走出去效果评估中心发布的《中国图书海外馆藏影响力研究报告》中，中国社会科学出版社海外馆藏影响力位列第一。近年来，中国社会科学出版社在《剑桥中国史》《中国社会科学院学者文选》等传统图书品牌的基础上，打造"中社智库"丛书，《理解中国》丛书、《中国制度》丛书等出版品牌，已经发展成为我国马克思主义理论的重要出版阵地、哲学社会科学出版重镇、国家高端智库成果的重要发布平台和中国学术"走出去"的主力军。